Introdução ao Direito e Teoria Geral do Direito Civil

CASOS PRÁTICOS

Introdução ao Direito e Teoria Geral do Direito Civil

CASOS PRÁTICOS

2019 · 2ª Edição

Melanie Neiva Santos
Docente do Instituto Superior de Ciências Empresariais e do Turismo (ISCET)– Porto

Rute Couto
Docente da Escola Superior de Comunicação, Administração e Turismo do Instituto Politécnico de Bragança (EsACT-IPB)

Susana Ferreira dos Santos
Docente da Escola Superior de Comunicação, Administração e Turismo do Instituto Politécnico de Bragança (EsACT-IPB)

ALMEDINA

INTRODUÇÃO AO DIREITO
E TEORIA GERAL DO DIREITO CIVIL
Casos Práticos
AUTORES
Melanie Neiva Santos, Rute Couto, Susana Ferreira dos Santos
1ª Edição – Fevereiro, 2018
EDITOR
EDIÇÕES ALMEDINA, S.A.
Rua Fernandes Tomás, nºs 76, 78 e 80
3000-167 Coimbra
Tel.: 239 851 904 · Fax: 239 851 901
www.almedina.net · editora@almedina.net
DESIGN DE CAPA
FBA.
PRÉ-IMPRESSÃO
EDIÇÕES ALMEDINA, S.A.
IMPRESSÃO E ACABAMENTO
DPS - DIGITAL PRINTING SERVICES, LDA

Fevereiro, 2019
DEPÓSITO LEGAL
452448/19

ALMEDINA | GRUPOALMEDINA

BIBLIOTECA NACIONAL DE PORTUGAL – CATALOGAÇÃO NA PUBLICAÇÃO
SANTOS, Melanie Neiva, e outros
Introdução ao direito e teoria geral do direito civil : casos práticos. – 2ª ed. – (Casos práticos)
ISBN 978-972-40-7838-0
I – COUTO, Rute, 1975-
II – SANTOS, Susana Ferreira dos
CDU 347

À Isabel pelo seu olhar "clínico"

A todos os que completam as nossas vidas

Aos nossos estudantes

NOTA DE ABERTURA

Introdução ao Direito e Teoria Geral do Direito Civil constituem unidades curriculares basilares, fundamentais para a construção de quadros mentais do jurista. A obra em apreço projeta-se como um valioso instrumento de estudo ou de trabalho, auxiliando a aplicação de conhecimentos adquiridos. As propostas de resolução de casos práticos constituem uma abordagem cientificamente cuidada, estruturada e apresentam um considerável e diversificado conjunto de situações práticas.

A larga experiência no ensino do Direito e as qualidades profissionais e académicas das Autoras são indeléveis marcas na qualidade do trabalho apresentado.

Enquanto docente na área do Direito, não se me afigura dúvida no que à recomendação desta obra diz respeito. Estão as Autoras de parabéns.

Obrigado pelo convite para escrever estas breves notas, recebido que foi com subida honra e lisonja.

Paulo Alexandre Castanheira Teixeira
1º Vice-Presidente do Conselho Geral da Ordem dos Solicitadores e Agentes de Execução
Docente do Ensino Superior

APRESENTAÇÃO

Este livro reúne variados casos práticos apresentados aos nossos estudantes em sala de aula, bem como nos exames de Introdução ao Direito e Teoria Geral do Direito Civil. O âmago da nossa inspiração foi a riquíssima doutrina e jurisprudência portuguesas, bem como as situações vivenciadas no quotidiano jurídico.

O principal objetivo é que este livro seja um instrumento de trabalho e um apoio pedagógico para todos os estudantes das ciências jurídicas, bem como para todos aqueles que tenham unidades curriculares da área científica do Direito nos seus planos curriculares de estudo.

Na nova edição, que agora se dá à estampa, foi contemplado o regime jurídico do maior acompanhado, incluindo casos práticos que incidem sobre diversos aspetos deste novo instituto introduzido no nosso Código Civil. Pretende-se, assim, prestar um contributo para o estudo e aplicação do novo regime, que suscitará diversas questões a interpretar e a solucionar.

A nossa metodologia consiste em aplicar os normativos legais a situações práticas, com apresentação de tópicos de resolução, que estimulem os discentes a um raciocínio jurídico crítico e rigoroso. Ressalva-se que a informação de acesso público inserida em alguns dos casos práticos foi aleatoriamente consultada e utilizada exclusivamente para o fim de avaliação académica.

Porto, fevereiro de 2019

Melanie de Oliveira Neiva Santos (moliveira@iscet.pt)
Rute Isabel Esteves Ferreira Couto Fernandes (rute@ipb.pt)
Susana Isabel Pinto Ferreira dos Santos Gil (susanafs@ipb.pt)

ÍNDICE

ABREVIATURAS

CC:	Código Civil
CP:	Código Penal
CPC:	Código de Processo Civil
CRP:	Constituição da República Portuguesa
CT:	Código do Trabalho
ETAF:	Estatuto dos Tribunais Administrativos e Fiscais
LOSJ:	Lei da Organização do Sistema Judiciário

Casos Práticos de Introdução ao Direito

CASO Nº 1
DIREITO PÚBLICO | DIREITO PRIVADO

Atendendo ao critério da posição dos sujeitos, diga se as seguintes relações jurídicas se enquadram no âmbito do Direito Público ou do Direito Privado:

a) A Câmara Municipal de Mirandela celebrou um contrato de arrendamento urbano com Absalão, proprietário de um prédio urbano sito na Avenida da República.
b) Almerindo apresentou na Câmara Municipal do Porto um pedido de licenciamento de obras.

CASO Nº 2
DIREITO PÚBLICO | DIREITO PRIVADO

Enuncie se os seguintes ramos do direito são ramos do Direito Público ou do Direito Privado:

a) Direito Fiscal
b) Direito Penal
c) Direito Comercial
d) Direito Administrativo
e) Direito da Família
f) Direito Constitucional
g) Direito das Obrigações

h) Direito das Sucessões
i) Direito das Sociedades Comerciais

CASO Nº 3
DIREITO PÚBLICO | DIREITO PRIVADO

Atente nas seguintes relações jurídicas:

I. Bibiana, nutricionista, constituiu uma sociedade unipessoal por quotas, cuja firma é "100% Energia – Nutrição Desportiva, Unipessoal Lda.".

II. Clarindo fez um testamento, instituindo como herdeiros Darcília e Eleutério.

a) Atendendo ao critério da posição dos sujeitos, diga se aquelas relações jurídicas se enquadram no âmbito do Direito Público ou do Direito Privado.
b) Identifique o ramo do Direito a que pertencem.

CASO Nº 4
DIREITO PÚBLICO | DIREITO PRIVADO

Considere as seguintes relações jurídicas:

a) Luís e Maria contraíram casamento civil no regime da separação de bens.
b) Paulo celebrou contrato de trabalho com a sociedade "Prime Design, Lda.".
c) O grupo parlamentar do Partido Socialista apresentou, a 13/10/2017, a seguinte iniciativa legislativa: "Projeto de Lei nº 644/XIII – procede à 13ª alteração do Código do Trabalho, reforça o direito ao descanso do trabalhador".

Diga se estas relações jurídicas se enquadram no âmbito do Direito Público ou do Direito Privado e identifique o ramo do direito a que pertencem.

CASO Nº 5
HIERARQUIA DOS TRIBUNAIS

Atente no sumário do seguinte acórdão:

Acórdão do Tribunal Central Administrativo Sul de 29-06-2017 (Anabela Russo)

«I – O Tribunal não se encontra vinculado à qualificação jurídica dada pelas partes a qualquer negócio que entre as mesmas tenha sido realizado, competindo-lhe interpretar o seu clausulado se são questionados os sentidos da declaração e os efeitos que através das mesmas se visam atingir.

II – Se as partes, num mesmo instrumento jurídico escrito, acordam em prometer comprar e prometer vender uma determinada fracção por um certo valor e, simultaneamente, acordam na realização de um conjunto devidamente identificado de obras, fixando autonomamente um preço a pagar pela sua realização, impõe-se concluir que esse instrumento jurídico titula dois acordos ou contratos: um contrato promessa de compra e venda e um contrato de empreitada (artigos 410º e 107º do Código Civil).

III – Se a liquidação adicional substancia as correcções aritméticas feitas pela Administração Fiscal num determinado exercício fiscal em sede de IRC por, na sequência de uma inspecção, ter concluído pela inexistência de documentos capazes de suportar a realização de determinadas obras e o pagamento efectivo do seu custo, impõe-se a sua anulação, por erro nos pressupostos de facto, se o sujeito passivo demonstra a realização das obras, o seu custo e a relação daquelas com a sua actividade.»

In *http://www.dgsi.pt*

a) Indique a jurisdição em causa.
b) Suponha que esta decisão é suscetível de recurso. Qual será o tribunal de recurso?
c) Suponha agora que estava em causa uma decisão do Tribunal da Relação de Lisboa, suscetível de recurso. Neste caso qual seria o tribunal de recurso? A sua resposta seria a mesma tratando-se de uma decisão do Tribunal da Relação de Évora?

CASO Nº 6
FONTES DO DIREITO | HIERARQUIA DOS TRIBUNAIS

Atente no extrato do sumário do seguinte acórdão:

> Acórdão do Supremo Tribunal de Justiça de 18-05-2017 (António Leones Dantas)
>
> "1º – Incumbe ao trabalhador, nos termos do artigo 342º, nº 1 do Código Civil, a alegação e prova dos factos reveladores da existência de uma relação de natureza jurídico-laboral, porque são constitutivos do direito que pretende ver reconhecido.
>
> 2º – Apesar de se ter provado que a Autora desempenhava as suas funções em instalações do Réu e com instrumentos de trabalho a este pertencentes, bem como que estas incluíam, para além de funções docentes, tarefas de coordenação de um núcleo escolar, com poderes de direção de outros trabalhadores, o certo é que o facto de se poder fazer substituir no desempenho das suas tarefas, nas situações de impedimento, por outro trabalhador, bem como o facto de emitir, como título dos quantitativos auferidos, recibos verdes, e de não estar inscrita na Segurança Social e nas Finanças como trabalhadora dependente, conduz à não qualificação da relação existente entre ambos com um contrato de trabalho."
>
> In *http://www.dgsi.pt*

a) Enuncie e defina a fonte do direito em causa.
b) Esta decisão é suscetível de recurso?
c) Descreva a hierarquia dos tribunais judiciais, para efeito de recurso das suas decisões.

CASO Nº 7
TRIBUNAIS

Considere o extrato do seguinte Acórdão do Tribunal Constitucional:

> Acórdão do Tribunal Constitucional nº 340/2017 (Maria de Fátima Mata-Mouros)
>
> «Acordam, em Conferência, na 1ª Secção do Tribunal Constitucional,
>
> I – Relatório (...)
>
> II – Fundamentação (...)
>
> Nestes termos, mostrando-se a argumentação utilizada na reclamação insuscetível de abalar o juízo plasmado na decisão sumária colocada em crise e sendo certo que o mesmo

merece a nossa concordância, damos por reproduzida a fundamentação exarada na referida decisão e, em consequência, concluímos pelo indeferimento da presente reclamação.

III – Decisão (...)

Pelo exposto, decide-se confirmar a decisão sumária reclamada, proferida no dia 1 de junho de 2017, e, em consequência, indeferir a reclamação apresentada.

Custas pelos reclamantes, fixando-se a taxa de justiça em 20 (vinte) unidades de conta.

Lisboa, 26 de junho de 2017 – Maria de Fátima Mata-Mouros – João Pedro Caupers – Manuel da Costa Andrade.»

In *http://www.dgsi.pt*

Indique se a decisão em apreço é suscetível de recurso.

CASO Nº 8
TRIBUNAIS | TÉCNICAS LEGISLATIVAS

Atente no sumário do seguinte Acórdão do Tribunal de Conflitos sobre um conflito negativo de jurisdição:

Acórdão do Tribunal de Conflitos de 27-04-2017 (Fonseca da Paz)

«I – A Caixa de Previdência dos Advogados e Solicitadores (CPAS), pessoa coletiva pública que tem por fim estatutário conceder pensões de reforma aos seus beneficiários e subsídios por morte às respetivas famílias, prossegue finalidades de previdência e, consequentemente, realiza uma função de segurança social, estando incluída na organização desta e sujeita desde sempre à legislação que a regula, ainda que de forma subsidiária.

II – Reportando-se o litígio à cobrança coerciva de contribuições não pagas por beneficiário da CPAS, ele emerge de uma relação jurídica administrativa e fiscal e não de uma relação de direito privado, para cuja apreciação são competentes os tribunais da jurisdição administrativa e fiscal, nos termos dos artºs. 212º, nº 3, da CRP e 1º, nº 1 e 4º, nº 1, al. o), ambos do ETAF.»

In *http://www.dgsi.pt*

a) O que significa estarmos perante um conflito negativo de jurisdição?
b) Este acórdão decidiu que compete aos tribunais administrativos dirimir o litígio em causa. Descreva a hierarquia destes tribunais.

c) Atente no artigo 1º do Código do Procedimento Administrativo, aprovado pelo Decreto-Lei nº 4/2015, de 7 de janeiro, e mencione qual(is) a(s) técnica(s) legislativa(s) utilizada(s) pelo legislador.
"1 – Entende-se por procedimento administrativo a sucessão ordenada de atos e formalidades relativos à formação, manifestação e execução da vontade dos órgãos da Administração Pública.
2 – Entende-se por processo administrativo o conjunto de documentos devidamente ordenados em que se traduzem os atos e formalidades que integram o procedimento administrativo."

CASO Nº 9
FONTES DO DIREITO

Atente no seguinte texto:

"O regime da adaptabilidade permite (...) uma maior eficácia, uma vez que a flexibilização dos limites ao período normal de trabalho, facilita a organização proporcionando que as empresas possam distribuir as horas de trabalho em função da necessidade sem que, para tal, tenham de suportar gastos com o pagamento de trabalho suplementar. Deste modo, o recurso ao regime da adaptabilidade não prejudica os limites legais ao período normal de trabalho nem o horário de trabalho dado que, o período normal de trabalho diário e semanal é calculado em termos médios sem que se ultrapassem num período de referência os referidos limites legais.".

David Falcão e Sérgio Tenreiro Tomás (2016).
Lições de Direito do Trabalho. Coimbra. Almedina, pp. 165 e 166.

a) Identifique e defina a fonte do direito em causa.
b) A referida fonte é fonte imediata do direito? E fonte mediata?

CASO Nº 10
FONTES DO DIREITO | TÉCNICAS LEGISLATIVAS

Considere a norma que abaixo se transcreve:

Artigo 1158º do Código Civil (Gratuidade ou onerosidade do mandato)

"1. O mandato presume-se gratuito, exceto se tiver por objecto atos que o mandatário pratique por profissão; neste caso, presume-se oneroso.
2. Se o mandato for oneroso, a medida da retribuição, não havendo ajuste entre as partes, é determinada pelas tarifas profissionais; na falta destas, pelos usos; e, na falta de umas e outros, por juízos de equidade."

a) Refira qual(ais) a(s) técnica(s) legislativa(s) utilizada(s) pelo legislador no nº 1 da norma em causa.
b) Defina e classifique a(s) fonte(s) do direito presente(s) no nº 2 da norma supratranscrita.

CASO Nº 11
TÉCNICAS LEGISLATIVAS

Diga qual(is) a(s) técnica(s) legislativa(s) utilizada(s) pelo legislador no artigo 1796º CC que abaixo se transcreve:

"1 – Relativamente à mãe, a filiação resulta do facto do nascimento e estabelece-se nos termos dos artigos 1803º a 1825º.

2 – A paternidade presume-se em relação ao marido da mãe (...)."

CASO Nº 12
TÉCNICAS LEGISLATIVAS

Atente no artigo 226º, nº 1 e nº 4 do Código do Trabalho e refira qual(is) a(s) técnica(s) legislativa(s) utilizada(s) pelo legislador:

"1. Considera-se trabalho suplementar o prestado fora do horário de trabalho.

(...)

4. Na situação referida na alínea f) do nº 3, o trabalho prestado para compensação não pode exceder os limites diários do nº 1 do artigo 228º."

CASO Nº 13
TÉCNICAS LEGISLATIVAS

Enuncie a técnica legislativa utilizada pelo legislador no artigo 275º, nº 2 CC:

"2. Se a verificação da condição for impedida, contra as regras da boa fé, por aquele a quem prejudica, tem-se por verificada; se for provocada, nos mesmos termos, por aquele a quem aproveita, considera-se como não verificada."

CASO Nº 14
TÉCNICAS LEGISLATIVAS| HIERARQUIA DAS LEIS

Atente no art. 6º, nº 3 e nº 4 do ETAF:

> "3 – A alçada dos tribunais administrativos de círculo corresponde àquela que se encontra estabelecida para os tribunais judiciais de 1ª instância.
>
> 4 – A alçada dos tribunais centrais administrativos corresponde à que se encontra estabelecida para os tribunais da Relação."

a) Diga o que entende por "alçada", referindo-se ao valor da alçada dos tribunais judiciais de primeira instância e ao valor da alçada dos tribunais da Relação.
b) Diga qual é a técnica legislativa presente no art. 6º, nº 3 e nº 4 do ETAF.
c) O Decreto-Lei nº 214-G/2015, de 2 de outubro, alterou o ETAF, aprovado pela Lei nº 13/2002, de 19 de fevereiro. Tendo em conta a hierarquia das leis, comente esta alteração.

CASO Nº 15
INÍCIO DA VIGÊNCIA DA LEI

A Lei nº 54/2017, de 14 de julho, que aprovou o regime jurídico do contrato de trabalho do praticante desportivo, do contrato de formação desportiva e do contrato de representação ou intermediação, não refere a data da sua entrada em vigor. *Quid iuris?*

CASO Nº 16
INÍCIO DA VIGÊNCIA DA LEI

A Lei nº 8/2017, de 3 de março, estabeleceu o estatuto jurídico dos animais, alterando o Código Civil, o Código de Processo Civil e o Código Penal. O artigo 1º fixa o objeto da lei e o artigo 8º a data da sua entrada em vigor.

> Artigo 1º
> Objeto
>
> A presente lei estabelece um estatuto jurídico dos animais, reconhecendo a sua natureza de seres vivos dotados de sensibilidade, procedendo à alteração do Código Civil, aprovado pelo Decreto-Lei nº 47 344, de 25 de novembro de 1966, do Código de Processo Civil, aprovado pela Lei nº 41/2013, de 26 de junho, e do Código Penal, aprovado pelo Decreto-Lei nº 400/82, de 23 de setembro. (...)

Artigo 8º
Entrada em vigor
A presente lei entra em vigor no primeiro dia do segundo mês seguinte ao da sua publicação.

Aprovada em 22 de dezembro de 2016.
O Presidente da Assembleia da República, Eduardo Ferro Rodrigues.
Promulgada em 2 de fevereiro de 2017.
Publique-se.
O Presidente da República, Marcelo Rebelo De Sousa.
Referendada em 23 de fevereiro de 2017.
O Primeiro-Ministro, António Luís Santos da Costa.

Defina *vacatio legis* e indique a data de entrada em vigor da Lei nº 8/2017, de 3 de março.

CASO Nº 17
INÍCIO E CESSAÇÃO DA VIGÊNCIA DA LEI

Atente no artigo 1º, nº 1 da Lei Orgânica nº 2/2004, de 12 de maio:

"Artigo 1º
Âmbito do regime temporário
1 – A presente lei estabelece o regime temporário que, no território do continente, vigora de 1 de junho a 11 de julho de 2004, com vista à adequação da organização da ordem pública e da justiça ao contexto extraordinário da fase final do Campeonato Europeu de Futebol – Euro 2004 (Campeonato)." (...)

a) Indique a data e a forma de cessação de vigência desta lei. Que outra(s) forma(s) de cessação conhece?
b) Qual a função da *vacatio legis*?

CASO Nº 18
INÍCIO E CESSAÇÃO DA VIGÊNCIA DA LEI

Atente na Portaria nº 345-B/2016, de 30 de dezembro:

Portaria nº 345-B/2016, de 30 de dezembro

O Código do Imposto Municipal sobre Imóveis, abreviadamente designado por CIMI, aprovado pelo Decreto-Lei nº 287/2003, de 12 de novembro, estabelece nos seus artigos 38º e 39º que um dos elementos objetivos integrados na fórmula de cálculo do sistema de avaliação de prédios urbanos é o valor médio de construção por metro quadrado, a fixar anualmente, sob proposta da Comissão Nacional de Avaliação de Prédios Urbanos (CNAPU), ouvidas as entidades previstas na lei, em conformidade com o previsto na alínea d) do nº 1 do artigo 62º do mesmo Código.

Assim:

Manda o Governo, pelo Secretário de Estado dos Assuntos Fiscais, em conformidade com o nº 3 do artigo 62º do Código do Imposto Municipal sobre Imóveis, e na sequência de proposta da Comissão Nacional de Avaliação de Prédios Urbanos, o seguinte:

Artigo 1º
Fixação do valor médio de construção

É fixado em € 482,40 o valor médio de construção por metro quadrado, para efeitos do artigo 39º do Código do Imposto Municipal sobre Imóveis, a vigorar no ano de 2017.

Artigo 2º
Âmbito da aplicação

A presente portaria aplica-se a todos os prédios urbanos cujas declarações modelo 1, a que se referem os artigos 13º e 37º do Código do Imposto Municipal sobre Imóveis, sejam entregues a partir de 1 de janeiro de 2017.

O Secretário de Estado dos Assuntos Fiscais, *Fernando António Portela Rocha de Andrade*, em 29 de dezembro de 2016.

a) Qual é a data de entrada em vigor da Portaria nº 345-B/2016, de 30 de dezembro?
b) Enuncie e defina a forma de cessação da vigência da lei implícita na portaria.

CASO Nº 19
INÍCIO E CESSAÇÃO DA VIGÊNCIA DA LEI | HIERARQUIA DAS LEIS

Atente na Lei nº 41/2013, de 26 de junho, que aprovou o atual Código de Processo Civil:

Lei nº 41/2013, de 26 de junho

Artigo 1º
Objeto

É aprovado em anexo à presente lei, que dela faz parte integrante, o Código de Processo Civil.

(...)

Artigo 4º
Norma revogatória

São revogados:

a) O Decreto-Lei nº 44 129, de 28 de dezembro de 1961, que procedeu à aprovação do Código de Processo Civil;

b) O Decreto-Lei nº 211/91, de 14 de junho, que procedeu à aprovação do Regime do Processo Civil Simplificado;

c) O Decreto-Lei nº 184/2000, de 10 de agosto, que procedeu à aprovação do regime das marcações de audiências de julgamento;

d) O Decreto-Lei nº 108/2006, de 8 de junho, que procedeu à aprovação do Regime Processual Civil Experimental;

e) Os artigos 11º a 19º do Decreto-Lei nº 226/2008, de 20 de novembro;

f) O Decreto-Lei nº 4/2013, de 11 de janeiro, que procedeu à aprovação de um conjunto de medidas urgentes de combate às pendências em atraso no domínio da ação executiva.

(...)

Artigo 8º
Entrada em vigor

A presente lei entra em vigor no dia 1 de setembro de 2013.

Aprovada em 19 de abril de 2013.
A Presidente da Assembleia da República, *Maria da Assunção A. Esteves.*
Promulgada em 1 de junho de 2013.
Publique-se.
O Presidente da República, Aníbal Cavaco Silva.
Referendada em 4 de junho de 2013.
O Primeiro-Ministro, *Pedro Passos Coelho.*

a) Diga o que indica a data de 26 de junho.
b) Qual é a data de entrada em vigor da Lei nº 41/2013, de 26 de junho?
c) Pronuncie-se quanto à revogação total ou parcial do Decreto-Lei nº 44 129, de 28 de dezembro de 1961 e do Decreto-Lei nº 226/2008, de 20 de novembro.
d) Tendo em conta a hierarquia das leis, a Lei nº 41/2013, de 26 de junho, podia ou não ter revogado o Decreto-lei nº 44 129, de 28 de dezembro de 1961?
e) Suponha ainda que o Conselho de Ministros pretende aprovar uma Resolução, contrariando algumas normas enunciadas na Lei nº 41/2013, de 26 de junho. Poderá fazê-lo?

CASO Nº 20
INTERPRETAÇÃO DA LEI

Suponha que determinada norma, relativa ao ensino superior, estipula: "As grávidas e mães têm direito a realizar exames em época especial". O intérprete, após a leitura das normas que regulam a mesma matéria (contexto da lei), chegou à conclusão que apenas as grávidas e mães cujos filhos tenham até três anos de idade gozam deste direito. Qual foi o resultado da interpretação da lei a que chegou o intérprete?

CASO Nº 21
INTERPRETAÇÃO DA LEI

Suponha que determinada norma estipula: "os menores não emancipados". O intérprete chegou à conclusão que o legislador pretendia dizer "os menores". Qual foi o resultado da interpretação da lei a que chegou o intérprete?

CASO Nº 22
LEI INTERPRETATIVA

Suponha que a Lei X/2018 entrou em vigor no dia 21 de dezembro de 2018, mas desde esse momento suscitou grandes dúvidas sobre a sua aplicação. A Assembleia da República pode aprovar uma nova lei que fixe o sentido e o alcance a dar às normas cuja aplicação suscitava dúvidas? E esta lei tem efeitos retroativos?

CASO Nº 23
INTEGRAÇÃO DA LEI

Justino é um rapaz empreendedor e cheio de energia. É licenciado em Solicitadoria, pratica desportos radicais, é voluntário no Hospital de Santa Maria e ainda tem tempo para namorar. Um dos seus desejos para 2019 é celebrar um contrato de *franchising*, a fim de comercializar um determinado tipo de produto. Todavia, fica deveras espantado ao concluir que não há uma lei que regule este contrato.

a) Poderá Justino celebrar este contrato?
b) De que forma poderá ser colmatada esta omissão da lei?

CASO Nº 24
APLICAÇÃO DAS LEIS NO TEMPO

Suponha que Sílvio deu de arrendamento a Rosana, caloira do Instituto Superior de Ciências Empresariais e do Turismo, uma fração autónoma de um prédio urbano no Porto, através de um simples documento particular assinado por ambos, de acordo com a lei então em vigor. Suponha ainda que, posteriormente, é publicada uma nova lei que, revogando a anterior, vem exigir um documento autenticado para a validade dos contratos de arrendamento. A nova lei aplica-se ao contrato de arrendamento celebrado entre Sílvio e Rosana?

CASO Nº 25
APLICAÇÃO DAS LEIS NO TEMPO

Tatiana celebrou um contrato de trabalho com a Revista "Fofocas em Dia" há mais de cinco anos. Suponha que o Código do Trabalho foi alterado por uma lei que estipulou novas garantias para os trabalhadores. Tatiana pretende saber se tais garantias se aplicam à sua relação contratual, já que o seu contrato foi celebrado antes da entrada em vigor da nova lei. Elucide-a.

CASO Nº 26
APLICAÇÃO DAS LEIS NO TEMPO

Considere o artigo 272º CP:

> "1 – Quem:
>
> a) Provocar incêndio de relevo, nomeadamente pondo fogo a edifício, construção ou meio de transporte;
>
> b) Provocar explosão por qualquer forma, nomeadamente mediante utilização de explosivos;
>
> c) Libertar gases tóxicos ou asfixiantes;
>
> d) Emitir radiações ou libertar substâncias radioactivas;
>
> e) Provocar inundação, desprendimento de avalanche, massa de terra ou de pedras; ou
>
> f) Provocar desmoronamento ou desabamento de construção;
>
> e criar deste modo perigo para a vida ou para a integridade física de outrem, ou para bens patrimoniais alheios de valor elevado, é punido com pena de prisão de três a dez anos."

Em outubro de 2016, Torcato, atuando dolosamente, pôs fogo à fábrica onde trabalhou durante anos, criando, dessa forma, perigo para a vida de dez trabalhadores que aí laboravam. Suponha que quando ocorreu o julgamento, estava em vigor uma nova redação do artigo, que aumentou os limites mínimo e máximo da moldura penal abstrata.

a) Diga, justificando, que lei deverá aplicar o juiz, a lei nova ou a lei em vigor à data da prática do facto?
b) Urbino, por igual conduta, foi condenado a 5 anos de prisão pela prática deste crime. O juiz está obrigado a decidir da mesma forma no caso de Torcato? Justifique.

CASO Nº 27
APLICAÇÃO DAS LEIS NO TEMPO | NORMA JURÍDICA

Considere o art. 74º, nº 1 da Lei nº 27/2007, de 30 de julho, na redação dada pela Lei nº 8/2011, de 11 de abril (Lei da Televisão e dos Serviços Audiovisuais a Pedido):

> "Quem impedir ou perturbar o exercício da atividade televisiva ou a oferta ao público de serviços audiovisuais a pedido, ou apreender ou danificar materiais necessários ao exercício de tais atividades, fora dos casos previstos na lei e com o intuito de atentar contra a liberdade de programação e informação, é punido com prisão até 2 anos ou com multa até 240 dias se pena mais grave lhe não couber nos termos da lei penal."

Leopoldino é um adepto fervoroso do Sport Lisboa e Benfica. O canal de Televisão CT – Cinco Tuga – é um serviço de programas generalista, abominado por Leopoldino, por entender que os seus noticiários desportivos não são imparciais, prejudicando a imagem do seu clube. Desta forma, decidiu invadir um dos estúdios do operador de televisão, numa transmissão em direto do programa "Ora fale lá de bola", interrompendo-o, com a intenção de impedir que o mesmo continuasse a ser transmitido. Acusado pela prática deste crime, encontra-se a aguardar julgamento.

a) Suponha que é publicada, hoje, uma alteração à Lei da Televisão e dos Serviços Audiovisuais a Pedido, que estabelece para este crime uma pena de prisão até 1 ano ou multa até 120 dias. *Quid iuris?*
b) Atendendo aos dois elementos que constituem a estrutura de uma norma jurídica, identifique-os nesta disposição legal.

CASO Nº 28
APLICAÇÃO DAS LEIS NO TEMPO | GRAUS DE RETROATIVIDADE

Atente na redação do artigo 2º, nº 4, do CP e identifique e explique o tipo de retroatividade prevista nesta norma jurídica.

> Artigo 2º: Aplicação no tempo
>
> «4 – Quando as disposições penais vigentes no momento da prática do facto punível forem diferentes das estabelecidas em leis posteriores, é sempre aplicado o regime que concretamente se mostrar mais favorável ao agente; se tiver havido condenação, ainda que transitada em julgado, cessam a execução e os seus efeitos penais logo que a parte da pena que se encontrar cumprida atinja o limite máximo da pena prevista na lei posterior.»

CASO Nº 29
APLICAÇÃO DAS LEIS NO TEMPO | ALTERAÇÃO DE PRAZOS

Suponha que a Lei A (Lei Antiga), em vigor desde 20 de outubro de 2012, previa a prescrição dos créditos emergentes da prestação de serviços públicos essenciais no prazo de 5 anos. Esta lei veio a ser alterada pela Lei N (Lei Nova), em vigor desde 30 de maio de 2017, e que modificou o prazo prescricional dos créditos emergentes da prestação de serviços públicos essenciais, de 5 anos para 6 meses. Suponha ainda que a empresa «EGP» prestou a Zacarias serviços de comunicações eletrónicas e emitiu uma fatura com data de vencimento a 25 de novembro de 2012.

Indique, com fundamento na lei, em que data prescreve(u) o crédito em apreço?

CASO Nº 30
ILICITUDE

Enuncie os tipos de ilícitos nos seguintes casos:

a) Acúrsio furtou a carteira de Adalberto.
b) Adosinda, secretária do administrador da "Soares Dias, S.A.", desobedeceu a uma ordem dada pelo seu superior hierárquico.
c) A Autoridade para as Condições do Trabalho realizou uma ação inspetiva no setor da restauração na Ribeira do Porto e aplicou 19 autos de contraordenações por infrações na duração do tempo de trabalho.

CASO Nº 31
ILICITUDE

Atente na seguinte notificação e diga se João Maria Sousa e Silva praticou algum ato ilícito e, em caso afirmativo, que tipo de ilícito está em causa.

Ministério da Administração Interna
Guarda Nacional Republicana
AUTO DE CONTRA-ORDENAÇÃO

NOTIFICAÇÃO
AUTO 922792240
EA 220040700

Arguido

Nome: JOÃO MARIA SOUSA E SILVA
NIF: 242424242 CC: P-931919
Domicílio: Rua de Cedofeita, nº 7
4050-180 PORTO

Veículo

Matrícula: 00ZZ99 **País:** Portugal
Categoria/Classe: Automóveis/Ligeiros **Tipo/Subclasse:** Passageiros
Conduzido pelo Arguido

Infração

Data: 2017-07-27 **Hora:** 11:10 **Presenciada pelo autuante:** Sim
Local: Rotunda de acesso a Torre de Moncorvo, Torre de Moncorvo
Comarca: (Extinta) Torre de Moncorvo **Distrito:** Bragança
Descrição Sumária: Utilização do veículo sem que o mesmo tenha sido submetido a inspeção periódica obrigatória dentro do prazo legal. O veículo deveria ter sido submetido à IPO até ao dia 12-07-2017, conforme a ficha de IPO nº CF 5177970.

Código: 1780070101 **Normas infringidas:** DL nº 144/ /2012, de 11 de julho – art. 7º, nº 1

Sanções

Coima: € 250 a € 1250, prevista no artigo 14º, nº 2, a) DL nº 144/2012, de 11 de julho
Sanção Acessória: prevista no arts. 136º e 147º CE

CASO Nº 32
CAUSAS DE EXCLUSÃO DA ILICITUDE

Alzira celebrou um contrato de arrendamento com Benilde, em novembro de 2010. No dia 31 de março de 2017, Alzira, inquilina, denunciou o contrato por escrito, com efeitos a partir do dia 31 de julho de 2017. Neste dia, decidiu apoderar-se de um jarrão chinês, pertencente a Benilde, contra a vontade desta. No momento em que colocava o jarrão no veículo em que ia viajar, foi surpreendida por Benilde, que lhe exigiu repetidamente a entrega do referido objeto. Como Alzira não acedeu a entregar o jarrão, Benilde mordeu-lhe o braço direito, dessa forma conseguindo reavê-lo. *Quid iuris*?

CASO Nº 33
CAUSAS DE EXCLUSÃO DA ILICITUDE

Para conduzir o seu irmão, gravemente doente, ao serviço de urgência do hospital, e sem a possibilidade de recorrer a outro meio de transporte, Cassiano utilizou um automóvel alheio, sem autorização do respetivo proprietário, tendo-lhe causado alguns danos. Diga, justificando, se Cassiano praticou um ato ilícito e se será obrigado a indemnizar o proprietário do referido automóvel pelo prejuízo causado.

CASO Nº 34
CAUSAS DE EXCLUSÃO DA ILICITUDE

Margarida sofre de miopia severa há vários anos e marcou consulta com a Dra. Amparo, reconhecida oftalmologista, para se informar da possibilidade de correção da miopia por via de intervenção cirúrgica. Na consulta foi informada de que não corria riscos com a pretendida intervenção cirúrgica. Sucede, porém, que realizada a operação cirúrgica Margarida ficou a padecer da síndrome de oftalmia simpática, condição que exige um acompanhamento médico constante. Margarida intentou, por isso, uma ação contra a Dra. Amparo a exigir uma indemnização pelos danos sofridos. A Dra. Amparo contestou que Margarida consentiu na intervenção cirúrgica, pelo que está excluída qualquer responsabilidade. *Quid iuris?*

CASO Nº 35
DIREITO SUBJETIVO

Atente na noção de direito subjetivo enunciada por Carlos Alberto da Mota Pinto:

> "O *direito subjectivo* pode definir-se como o poder jurídico (reconhecido pela ordem jurídica a uma pessoa) de livremente exigir ou pretender de outrem um comportamento positivo (acção) ou negativo (omissão) ou de por um acto livre de vontade, só de per si ou integrado por um acto de uma autoridade pública, produzir determinados efeitos jurídicos que inevitavelmente se impõem a outra pessoa (contraparte ou adversário)."
>
> Carlos Alberto da Mota Pinto (2012).
> *Teoria Geral do Direito Civil*. Coimbra. Almedina, pp. 178 e 179.

Tendo presente a definição do citado autor e a distinção entre direito subjetivo propriamente dito e direito potestativo, classifique os seguintes direitos:

a) Direito de crédito;
b) Direito de preferência;
c) Direito de propriedade;
d) Direito à simples separação judicial de bens;
e) Direito à revogação de uma procuração.

CASO Nº 36
DIREITO SUBJETIVO

Lubélia, proprietária de uma retrosaria, vendeu a Ludovino passamanes no valor de € 250,00, comprometendo-se este a efetuar o pagamento do preço no prazo de trinta dias. Decorrido o prazo acordado, o comprador não procedeu ao pagamento a que se comprometera. Explique se sobre Ludovino recai um dever jurídico ou uma sujeição.

CASO Nº 37
DIREITO SUBJETIVO | NEGÓCIO JURÍDICO

Romana, proprietária de uma livraria, celebrou um contrato de trabalho com Rodolfo há mais de oito anos. Todavia, Rodolfo recebeu hoje uma proposta irrecusável de uma outra livraria e pretende denunciar o contrato de trabalho celebrado com Romana.

a) O contrato de trabalho é um negócio jurídico unilateral ou bilateral? E no que concerne às obrigações, é um contrato unilateral ou bilateral?
b) Rodolfo pretende denunciar o contrato de trabalho. Explique se sobre Romana recai um dever jurídico ou uma sujeição.

CASO Nº 38
NEGÓCIO JURÍDICO| DIREITO SUBJETIVO | ELEMENTOS DA RELAÇÃO JURÍDICA | GARANTIA DAS OBRIGAÇÕES

Atente nos seguintes artigos:

"Artigo 1069º do Código Civil
[Forma]
O contrato de arrendamento urbano deve ser celebrado por escrito".

"Artigo 1100º do Código Civil
[Denúncia pelo arrendatário]
1 – Sem prejuízo do disposto no número seguinte, após seis meses de duração efetiva do contrato, o arrendatário pode denunciá-lo, independentemente de qualquer justificação, mediante comunicação ao senhorio com a antecedência mínima seguinte: a) 120 dias do termo pretendido do contrato, se, à data da comunicação, este tiver um ano ou mais de duração efetiva; b) 60 dias do termo pretendido do contrato, se, à data da comunicação, este tiver até um ano de duração efetiva."

a) Classifique o contrato de arrendamento, tendo em conta o número de declarações de vontade e respetivas obrigações.
b) A denúncia do contrato de arrendamento é um direito subjetivo propriamente dito ou um direito potestativo?

No início de agosto de 2017, Simão tomou de arrendamento a Vasco uma fração autónoma de um prédio urbano sito em Coimbra, tendo apresentado como fiador Pedro, o seu melhor amigo.

c) Indique o objeto e o facto jurídico desta relação jurídica.
d) O contrato de arrendamento foi celebrado verbalmente. *Quid iuris?*
e) O prédio urbano é uma coisa imóvel ou móvel?
f) Descreva a responsabilidade que recai sobre Pedro.

CASO Nº 39
FORMA DO NEGÓCIO JURÍDICO | ELEMENTOS DA RELAÇÃO JURÍDICA | LACUNA

Anabela Amaral, professora de Matemática, comprou ontem um veículo automóvel no Concessionário da Renault em Penafiel.

a) Indique o objeto e o facto jurídico da relação jurídica enunciada.
b) Este contrato de compra e venda tem de ser reduzido a escrito?
c) Suponha que estava em causa a compra e venda de um bem imóvel celebrado verbalmente. *Quid iuris*?
d) O contrato de concessão comercial é um contrato atípico. *Quid iuris*?

CASO Nº 40
DIREITOS DE PERSONALIDADE

Estrela envia um *e-mail* à sua amiga Felicidade, a fim de desabafar com esta sobre o fim do seu relacionamento com Diego. Estrela confessa-lhe que nunca gostou dele e que apenas estava interessada no seu dinheiro. Contudo, pediu-lhe que não comentasse com mais ninguém o teor do seu *e-mail*. Felicidade, que sempre foi apaixonada por Diego, decidiu reenviar o *e-mail* para este. Estrela ficou desolada quando descobriu o que a sua pretensa amiga fez.

Diga qual ou quais o(s) direito(s) de personalidade violado(s) por Felicidade.

CASO Nº 41
DIREITOS DE PERSONALIDADE

Jordana é fã de música sertaneja e o seu maior sonho era assistir a um concerto do duo Leandro e Leonardo. O seu namorado, Marcelo, ofereceu-lhe um bilhete para o tão desejado espetáculo, dois dias antes deste se realizar. No dia do concerto, Jordana, que já não tinha nenhum dia de férias para gozar, informou a entidade empregadora que não poderia comparecer ao trabalho, uma vez que tinha ficado doente. Sucede que, no dia seguinte, na primeira página de um jornal diário, veio publicada uma foto de Jordana e Marcelo no concerto, entre muitos outros fãs do duo. Em virtude deste facto, Jordana foi despedida, tendo sido observado o respetivo procedimento disciplinar. Jordana pretende ser indemnizada pelo referido jornal, pelos danos patrimoniais e morais que sofreu. *Quid iuris?*

CASO Nº 42
DIREITOS DE PERSONALIDADE | RESPONSABILIDADE CIVIL

Inês, baixista de uma banda de garagem, é "viciada" em música. Adora quase todos os estilos musicais: *pop, rock, reggae, funk, hip-hop, heavy metal*, entre outros. Todavia, a sua hora preferida para ouvir música, em elevados decibéis, é entre as 23 horas e a 1 hora da manhã. Os seus vizinhos estão desesperados, uma vez que não conseguem descansar devidamente. Diga qual ou quais o(s) direito(s) de personalidade violado(s) por Inês, analisando se estão preenchidos todos os pressupostos para esta ser responsabilizada civilmente.

CASO Nº 43
DIREITOS DE PERSONALIDADE | RESPONSABILIDADE CIVIL

Natalino, estudante de Solicitadoria, reprovou à unidade curricular de Direitos Reais. Desagradado com a situação, ao cruzar-se com o professor na cantina, e em frente a vários estudantes e professores, insultou-o e agrediu-o. Em consequência da sua conduta, o professor ficou com os óculos destruídos, sofreu ferimentos ligeiros e de ataques de pânico durante alguns meses.

a) Qual ou quais os direitos violados por Natalino?
b) Caracterize os danos sofridos pelo professor.
c) Em que tipo de responsabilidade civil incorre Natalino?

CASO Nº 44
RESPONSABILIDADE CIVIL | CAUSAS DE EXCLUSÃO DA ILICITUDE

Em fevereiro de 2017, Damião e Elvira aproveitaram o Verão e Carnaval brasileiros, no Rio de Janeiro, para festejar as bodas de prata. Já no hotel, em Copacabana, Damião lembrou-se que tinha deixado duas alianças em ouro branco com bisel no banco de trás do seu automóvel, estacionado no parque do aeroporto Francisco

Sá Carneiro. Com receio que fossem furtadas, telefonou ao seu melhor amigo, Inácio, solicitando-lhe que as guardasse até ao seu regresso e que, se necessário, partisse um dos vidros do automóvel para as retirar do veículo, o que Inácio fez.

a) Inácio praticou um ato lícito ou ilícito?

Já em Portugal, enquanto conduzia a caminho de casa, Damião distraiu-se a falar ao telemóvel e embateu no automóvel de Élia. Esta fica em pânico ao ver o seu carro, acabado de comprar, tão danificado.

b) Em que tipo de responsabilidade civil incorre Damião?
c) Qual foi o direito violado por Damião?
d) Damião argumenta que não foi um ato intencional, e que por isso não deverá ser responsabilizado. Terá razão?
e) Os danos morais sofridos por Élia poderão ser reparados?

CASO Nº 45
RESPONSABILIDADE CIVIL | NEGÓCIO JURÍDICO

Tomás Coutinho de Sá adquiriu em 2 agosto de 2017, numa exposição de artes plásticas, uma peça única de escultura de Auguste Rodin. Efetuou, de imediato, o pagamento, ficando a escultura de lhe ser entregue no dia 1 de setembro de 2017. Acontece que Tomás continua hoje à espera que tal peça lhe seja entregue.

a) Identifique e classifique o negócio jurídico presente no enunciado.
b) Em que tipo de responsabilidade incorre o vendedor?

Suponha que a escultura foi entregue na data acordada. Tomás, homem festivo e hospitaleiro, organizou um baile de máscaras em sua casa. Durante a festa, a sua amiga Maria Francisca de Vasconcellos, ao dançar desenfreadamente, partiu a escultura, o que deixou Tomás em estado de choque.

c) Analise se estão preenchidos todos os pressupostos para Maria Francisca ser responsabilizada civilmente.

CASO Nº 46
RESPONSABILIDADE CIVIL

Julieta e a sua cadela *Yorkshire Terrier*, Jasmim, passeavam alegremente junto ao mar, sendo o animal conduzido por uma bonita trela, feita com os melhores e mais resistentes materiais que se conhecem. Findo o seu passeio, aguardavam que o semáforo de peões passasse a verde, a fim de regressar a casa. Jasmim, um animal calmo e meigo, inesperadamente, mordeu a perna de um senhor que estava ao seu lado no passeio. Na verdade, não o magoou, mas as calças do fato ficaram rasgadas e sem possibilidade de arranjo. *Quid iuris?*

CASO Nº 47
RESPONSABILIDADE CIVIL

Fausto, apicultor profissional, é proprietário de diversos enxames. Num belo dia, um desses enxames fugiu. De imediato, Fausto perseguiu o seu enxame, e capturou-o quando este se encontrava numa amendoeira, pertencente a Geraldo. Na tentativa da captura do enxame, destruiu a amendoeira.

a) Fausto incorre em responsabilidade civil? De que tipo?
b) Geraldo pretende ser indemnizado pelos prejuízos sofridos. *Quid iuris*?

CASO Nº 48
NEGÓCIO JURÍDICO | TUTELA JURÍDICA

No dia 10 de abril de 2017, Miriam, proprietária de um supermercado em Leiria, comprou uma dúzia de caixas de sabão à "Fábrica de Sabão do Lis, Lda.". Miriam devia ter procedido ao pagamento do preço acordado até ao dia 10 de maio de 2017. Todavia, em virtude de dificuldades financeiras, ainda não o fez.

a) Identifique o negócio jurídico presente no enunciado. Este negócio depende da observância de forma especial?
b) Suponha que Nicolau, gerente da "Fábrica de Sabão do Lis, Lda.", se dirigiu ao supermercado de Miriam e, vendo que as caixas de sabão tinham sido todas vendidas, decidiu trazer uma dúzia de caixas de detergente para a roupa, a fim de se fazer pagar pela dívida. *Quid iuris?*

Tópicos de Resolução dos Casos de Introdução ao Direito

CASO Nº 1
DIREITO PÚBLICO | DIREITO PRIVADO

a) De acordo com o critério da posição dos sujeitos, estamos perante uma relação jurídica de Direito Privado, pois as partes encontram-se numa posição de paridade. No caso vertente, a entidade pública não está investida do seu poder de autoridade.
b) De acordo com o critério da posição dos sujeitos, estamos perante uma relação jurídica de Direito Público. Neste caso, a entidade pública detém o poder de soberania.

CASO Nº 2
DIREITO PÚBLICO | DIREITO PRIVADO

a) Direito Fiscal: Direito Público
b) Direito Penal: Direito Público
c) Direito Comercial: Direito Privado
d) Direito Administrativo: Direito Público
e) Direito da Família: Direito Privado
f) Direito Constitucional: Direito Público
g) Direito das Obrigações: Direito Privado
h) Direito das Sucessões: Direito Privado
i) Direito das Sociedades Comerciais: Direito Privado

CASO Nº 3
DIREITO PÚBLICO | DIREITO PRIVADO

a) As duas situações enquadram-se no âmbito do Direito Privado, uma vez que estão em causa relações jurídicas entre particulares, de acordo com o critério da posição dos sujeitos.
b) I. Direito das Sociedades Comerciais; II. Direito das Sucessões.

CASO Nº 4
DIREITO PÚBLICO | DIREITO PRIVADO

a) Direito Privado (estão em causa relações jurídicas entre particulares, de acordo com o critério da posição dos sujeitos); ramo do Direito da Família (art. 1577º CC).
b) Direito Privado (estão em causa relações jurídicas entre particulares, de acordo com o critério da posição dos sujeitos); ramo do Direito do Trabalho (artigo 11º CT).
c) Direito Público (uma vez que regula as competências da Assembleia da República, órgão de soberania, estando em causa a própria organização do Estado); ramo do Direito Constitucional (art. 167º CRP).

CASO Nº 5
HIERARQUIA DOS TRIBUNAIS

a) Estamos perante a jurisdição administrativa e fiscal.
b) Do Tribunal Central Administrativo Sul, tribunal de segunda instância, cabe recurso para o Supremo Tribunal Administrativo, órgão superior da hierarquia dos tribunais administrativos e fiscais, nos termos do disposto nos artigos 212º, nº 1 CRP, 146º LOSJ e 11º, nº 1 ETAF.
c) Se estivesse em causa uma decisão do Tribunal da Relação de Lisboa ou do Tribunal da Relação de Évora, tribunais de segunda instância, caberia recurso para o Supremo Tribunal de Justiça, órgão superior da hierarquia dos tribunais judiciais, nos termos do disposto nos artigos 210º, nº 1 CRP, 31º LOSJ, 68º e 69º CPC.

CASO Nº 6
FONTES DO DIREITO | HIERARQUIA DOS TRIBUNAIS

a) A jurisprudência é o conjunto das decisões proferidas pelos tribunais. Essas decisões denominam-se sentenças quando são proferidas por um tribunal singular e acórdãos quando são proferidas por um tribunal coletivo, como é o caso.
b) Esta decisão não é suscetível de recurso, uma vez que o Supremo Tribunal de Justiça é o órgão superior da hierarquia dos tribunais judiciais, por força do disposto nos artigos 210º, nº 1 CRP, 31º LOSJ, 68º e 69º CPC.
c) Existem tribunais judiciais de primeira instância, de segunda instância e o Supremo Tribunal de Justiça. Os tribunais de primeira instância são, em regra, os tribunais de comarca, de acordo com o artigo 210º, nº 3 CRP, cuja sede, a designação e a área de competência territorial são definidas no regime aplicável à organização e funcionamento dos tribunais judiciais. Compete aos tribunais de segunda instância, os Tribunais da Relação (Guimarães, Porto, Coimbra, Lisboa e Évora), o conhecimento dos recursos interpostos das decisões proferidas pelos tribunais de primeira instância, nos termos do nº 4 do artigo 210º CRP, e nº 2 do artigo 68º CPC. Se, por sua vez, a decisão por estes proferida for suscetível de recurso, para dele conhecer é competente o Supremo Tribunal de Justiça, órgão superior da hierarquia dos tribunais judiciais, com sede em Lisboa, conforme referem os artigos 210º, nº 1 CRP, 31º LOSJ, 68º e 69º CPC.

CASO Nº 7
TRIBUNAIS

Esta decisão do Tribunal Constitucional não é suscetível de recurso, uma vez que não há uma hierarquia tal como nos tribunais judiciais e nos tribunais administrativos e fiscais. De acordo com os artigos 221º CRP e 30º, nº 1 LOSJ, ao Tribunal Constitucional compete especificamente administrar a justiça em matérias de natureza jurídico-constitucional.

CASO Nº 8
TRIBUNAIS | TÉCNICAS LEGISLATIVAS

a) Estamos perante um conflito negativo de jurisdição quando quer os tribunais judiciais (jurisdição comum), quer os tribunais administrativos e fiscais (jurisdição administrativa) se declaram incompetentes, em razão da matéria, para dirimir determinado litígio. De acordo com o estatuído no artigo 109º CPC, estamos perante um conflito negativo de jurisdição quando dois ou mais tribunais integrados em ordens jurisdicionais diferentes declinam o poder de conhecer da mesma questão.

b) De acordo com os artigos 212º CRP, 145º a 148º LOSJ e 11º ETAF, os tribunais administrativos e fiscais são, em regra, os tribunais de primeira instância; sendo as suas decisões suscetíveis de recurso, caberá recurso para os tribunais de segunda instância, o Tribunal Central Administrativo do Sul e o do Norte; por último, o órgão máximo da hierarquia dos tribunais administrativos e fiscais é o Supremo Tribunal Administrativo.

c) Quer no nº 1, quer no nº 2 do artigo 1º do Código do Procedimento Administrativo, o legislador utiliza a definição legal, dando a noção de procedimento administrativo e processo administrativo, respetivamente.

CASO Nº 9
FONTES DO DIREITO

a) O conjunto de opiniões dos juristas sobre matérias do Direito designa-se por doutrina, na qual se incluem pareceres, artigos, dissertações, *inter alia.*

b) A doutrina não é fonte do direito imediata, nem mediata. Contudo, é uma fonte de inspiração nas decisões dos tribunais e na posterior formação das leis. Daí que se inclua no elenco tradicional das fontes do direito, no sentido de ser um modo de revelação das normas jurídicas.

CASO Nº 10
FONTES DO DIREITO | TÉCNICAS LEGISLATIVAS

a) A técnica a que o legislador recorre no nº 1 do artigo 1158º CC é a da presunção legal. Estamos perante presunções legais *iuris tantum*, o que significa que podem ser ilididas mediante prova em contrário (artigos 349º e 350º CC).

b) Estão em causa as seguintes fontes do direito: lei ordinária (fonte imediata, uma vez que tem força vinculativa própria – art. 1º CC); usos (fonte mediata, só são juridicamente atendíveis quando a lei o determine – art. 3º CC); equidade (fonte mediata, por força do art. 4º, a) CC).

CASO Nº 11
TÉCNICAS LEGISLATIVAS

O legislador no artigo 1796º, nº 1 utilizou a remissão legal (remete o intérprete para a leitura dos artigos 1803º a 1825º CC). Por sua vez, o artigo 1796º, nº 2 integra uma presunção legal, o que significa que se dispensa ao marido da mãe o ónus da prova do facto a que a presunção conduz. Todavia, trata-se de uma presunção *iuris tantum*, o que significa que poderá ser ilidida, mediante prova em contrário (artigos 349º e 350º CC).

CASO Nº 12
TÉCNICAS LEGISLATIVAS

No artigo 226º, nº 1, o legislador enuncia o que é trabalho suplementar, utilizando a técnica da definição legal; já no artigo 226º, nº 4, o legislador remete o intérprete para a leitura de outro artigo e, assim sendo, estamos perante uma remissão legal.

CASO Nº 13
TÉCNICAS LEGISLATIVAS

Na norma contida no artigo 275º, nº 2 CC, o legislador recorre à técnica da ficção legal, caso em que se tem por verificada a situação jurídica preenchidos certos pressupostos.

CASO Nº 14
TÉCNICAS LEGISLATIVAS | HIERARQUIA DAS LEIS

a) Alçada é o limite de valor da ação, pelo qual o tribunal decide sem que seja possível interpor recurso. As alçadas estão previstas no art. 44º, nº 1 da LOSJ: a alçada dos tribunais judiciais de primeira instância é de € 5.000,00 e a dos tribunais da Relação é de € 30.000,00.
b) A técnica legislativa presente quer no art. 6º, nº 3, quer no art. 6º, nº 4 do ETAF é a remissão legal. O intérprete, para conhecer a alçada dos tribunais administrativos e a dos tribunais centrais administrativos, terá de consultar a LOSJ.

c) Leis e Decretos-Leis têm o mesmo valor, de acordo com o art. 112º, nº 2 CRP; desta forma, uma Lei poderá revogar um Decreto-Lei e vice-versa, prevalecendo o ato legislativo mais recente.

CASO Nº 15
INÍCIO DA VIGÊNCIA DA LEI

Caso o legislador não refira a data de entrada em vigor do diploma legal, aplica-se o período de *vacatio legis* consagrado no artigo 5º, nº 2 CC e no artigo 2º, nº 2 da Lei nº 74/98, de 11 de novembro, na sua atual redação dada pela Lei nº 42/2007, de 24 de agosto. Assim sendo, a Lei nº 54/2017, de 14 de julho, entrou em vigor cinco dias após a publicação, ou seja, no dia 19 de julho de 2017.

CASO Nº 16
INÍCIO DA VIGÊNCIA DA LEI

Vacatio legis é o período de tempo que decorre entre a publicação de uma lei e a sua entrada em vigor – artigo 5º, nº 2 CC. Neste caso, o legislador, no artigo 8º da Lei nº 8/2017, de 3 de março, estabeleceu a data de entrada em vigor do diploma – primeiro dia do segundo mês seguinte ao da sua publicação, ou seja, no dia 1 de maio de 2017.

CASO Nº 17
INÍCIO E CESSAÇÃO DA VIGÊNCIA DA LEI

a) Conforme resulta da epígrafe do artigo transcrito trata-se de um regime temporário. A lei em apreço deixou de vigorar por caducidade completadas as 24 horas do dia 11 de julho, isto é, cessou a vigência às 00:00 do dia 12 de julho. Para além da caducidade, a lei termina a sua vigência por revogação, prevista no artigo 7º CC.
b) O período de tempo que medeia entre a publicação e a entrada em vigor da lei tem por objetivo a tomada de conhecimento da sua existência pelos cidadãos; o que se compreende à luz do disposto no artigo 6º CC, norma que estabelece a obrigação de conhecimento da lei e estatui que a sua ignorância não justifica a falta do seu cumprimento. Usualmente o período da *vacatio legis* é fixado em função da urgência ou da complexidade das matérias objeto da lei, estipulando-se, assim, prazos mais curtos ou dilatados para a sua entrada em vigor, respetivamente.

CASO Nº 18
INÍCIO E CESSAÇÃO DA VIGÊNCIA DA LEI

a) De acordo com o artigo 1º da Portaria nº 345-B/2016, o regime nela estabelecido vigora para o ano de 2017, pelo que entrou em vigor no dia 1 de janeiro de 2017.
b) Trata-se da caducidade da lei. A portaria destina-se a ter uma vigência temporária e caduca completadas as 24 horas do dia 31 de dezembro de 2017, pelo que deixa de vigorar às 00:00 do dia 1 de janeiro de 2018.

CASO Nº 19
INÍCIO E CESSAÇÃO DA VIGÊNCIA DA LEI | HIERARQUIA DAS LEIS

a) A data de 26 de junho indica a data da publicação no Diário da República da Lei nº 41/2013, de acordo com o disposto no artigo 7º da Lei nº 74/98, de 11 de novembro, na versão dada pela Lei nº 43/2014, de 11 de julho.
b) A Lei nº 41/2013, de 26 de junho, entrou em vigor no dia 1 de setembro, de acordo com o seu artigo 8º e artigo 2º, nº 2, 1ª parte, da referida Lei nº 74/98, de 11 novembro.
c) O artigo 4º a) da Lei nº 41/2013, de 26 de junho, revogou totalmente o Decreto-Lei nº 44 129, de 28 de dezembro de 1961. E o artigo 4º e) da Lei nº 41/2013, de 26 de junho, revogou parcialmente o Decreto-Lei nº 226/2008, de 20 de novembro, *in casu* os artigos 11º a 19º.
d) De acordo com o artigo 112º, nº 2 CRP, as leis e os decretos-leis têm igual valor. Nesta conformidade, a Lei nº 41/2013, de 26 de junho, pode revogar o Decreto-Lei nº 44 129, de 28 de dezembro de 1961, uma vez que uma lei pode revogar um decreto-lei, assim como um decreto-lei pode revogar uma lei.
e) Uma Resolução do Conselho de Ministros não pode contrariar uma Lei, de acordo com a hierarquia das leis; na verdade, um dos seus princípios fundamentais revela que uma lei de hierarquia inferior (a Resolução do Conselho de Ministros) não pode contrariar uma lei de hierarquia superior (a Lei).

CASO Nº 20
INTERPRETAÇÃO DA LEI

Estamos perante uma interpretação restritiva, isto é, o legislador disse mais do que aquilo que pretendia dizer. Assim sendo, o intérprete restringiu o texto da lei, dando-lhe um alcance conforme ao pensamento do legislador.

CASO Nº 21
INTERPRETAÇÃO DA LEI

Estamos perante uma interpretação extensiva, ou seja, o legislador disse menos do que aquilo que pretendia dizer. Desta forma, o intérprete alargou o texto da lei, dando-lhe um alcance conforme ao pensamento do legislador.

CASO Nº 22
LEI INTERPRETATIVA

A Assembleia da República pode aprovar uma nova lei, a fim de fixar o sentido e o alcance a dar às normas cuja aplicação suscitava dúvidas. Estamos perante uma lei interpretativa; e, de acordo com o nº 1 do artº 13º CC, "a lei interpretativa integra-se na lei interpretada", o que significa que tem efeitos retroativos. Não obstante, e por força do mesmo artigo, "ficam salvos (...) os efeitos já produzidos pelo cumprimento da obrigação, por sentença passada em julgado, ainda que não homologada, ou por atos de análoga natureza".

CASO Nº 23
INTEGRAÇÃO DA LEI

a) Justino pode celebrar um contrato de *franchising*, ao abrigo do princípio da liberdade contratual, consagrado no artigo 405º CC.
b) Esta omissão da lei, à qual se dá o nome de lacuna (falta de previsão ou de mera regulamentação), poderá ser colmatada através do recurso à analogia: casos análogos merecem um tratamento semelhante, de acordo com o artigo 10º, nº 1 e nº 2 CC. Neste caso, aplicar-se-ão, entre outras normas, as regras que regulam o contrato de agência. Todavia, se não existisse um caso análogo, o julgador deveria criar uma norma *ad hoc*, que valeria apenas para esse caso, por força do artigo 10º, nº 3 CC.

CASO Nº 24
APLICAÇÃO DAS LEIS NO TEMPO

O princípio geral é o da não retroatividade da lei, o que significa que a lei só dispõe para o futuro, de acordo com o artigo 12º, nº 1 CC. Ademais, refere expressamente o artigo 12º, nº 2 que se a lei dispuser sobre as condições de validade substancial ou formal de quaisquer factos entende-se que, em caso de dúvida, só visa os factos novos. A ser assim, no presente caso prático por estar em causa a validade do negócio jurídico, a nova lei não se aplica ao referido contrato de arrendamento, nos termos da 1ª parte do artigo 12º, nº 2 CC.

CASO Nº 25
APLICAÇÃO DAS LEIS NO TEMPO

O princípio geral é o da não retroatividade da lei, o que significa que a lei só dispõe para o futuro, de acordo com o artigo 12º, nº 1 CC. Neste caso prático está em causa o conteúdo da relação jurídica laboral, daí que as novas garantias do trabalhador estipuladas pela nova lei se apliquem ao contrato de trabalho celebrado entre Tatiana e a sua entidade empregadora. Na verdade, o artigo 12º, nº 2 CC refere: "quando dispuser diretamente sobre o conteúdo de certas relações jurídicas, abstraindo dos factos que lhes deram origem, entender-se-á que a lei abrange as próprias relações já constituídas, que subsistam à data da sua entrada em vigor".

CASO Nº 26
APLICAÇÃO DAS LEIS NO TEMPO

a) O princípio geral é o da não retroatividade da lei. De acordo com o artigo 2º, nº 1 CP, que se refere à aplicação da lei penal no tempo, "as penas e as medidas de segurança são determinadas pela lei vigente no momento da prática do facto ou do preenchimento dos pressupostos de que dependem". E o artigo 29º, nº 4 CRP expressa que "ninguém pode sofrer pena ou medida de segurança mais graves do que as previstas no momento da correspondente conduta ou da verificação dos respetivos pressupostos, aplicando-se retroativamente as leis penais de conteúdo mais favorável ao arguido". Desta forma, o juiz deverá aplicar a lei em vigor à data da prática do facto, já que esta estabelece uma moldura penal abstrata mais favorável para o arguido.

b) O juiz não está obrigado a decidir da mesma forma, apenas está vinculado à lei, por força do artigo 203º CRP, contrariamente ao que acontece no sistema anglo-saxónico, onde vigora a regra do precedente (*case law*). De acordo com esta regra, o precedente fixado pelos tribunais superiores é vinculativo para os inferiores, que terão de decidir os futuros casos da mesma forma.

CASO Nº 27
APLICAÇÃO DAS LEIS NO TEMPO | NORMA JURÍDICA

a) O princípio geral é o da não retroatividade da lei. Todavia, de acordo com o artigo 2º, nº 1 CP, que se refere à aplicação da lei penal no tempo, "as penas e as medidas de segurança são determinadas pela lei vigente no momento da prática do facto ou do preenchimento dos pressupostos de que dependem". E o artigo 29º, nº 4 CRP expressa que "ninguém pode sofrer pena ou medida de segurança mais graves do que as previstas no momento da correspondente conduta ou da verificação dos respetivos pressupostos, aplicando-se retroativamente as leis penais de conteúdo mais favorável ao arguido". Assim sendo, o juiz deverá aplicar a lei nova, já que esta estabelece uma moldura penal abstrata mais favorável para Leopoldino.
b) Previsão (hipótese): "Quem impedir ou perturbar o exercício da atividade televisiva ou a oferta ao público de serviços audiovisuais a pedido, ou apreender ou danificar materiais necessários ao exercício de tais atividades, fora dos casos previstos na lei e com o intuito de atentar contra a liberdade de programação e informação". Estatuição (consequência): "é punido com prisão até 2 anos ou com multa até 240 dias, se pena mais grave lhe não couber nos termos da lei penal".

CASO Nº 28
APLICAÇÃO DAS LEIS NO TEMPO | GRAUS DE RETROATIVIDADE

Em matéria de aplicação a lei no tempo vigora o princípio geral da não retroatividade, segundo o qual a lei não dispõe para o passado (art. 12º, nº 1 CC). Existem critérios especiais em determinados ramos do direito. No direito penal aplica-se a lei mais favorável ao arguido. (art. 29º, nº 4, CRP: "Ninguém pode sofrer pena ou medida de segurança mais graves do que as previstas no momento da correspondente conduta ou da verificação dos respectivos pressupostos, aplicando-se retroativamente as leis penais de conteúdo mais favorável ao arguido."). Existem três graus de retroatividade: máximo, agravado e ordinário.

O art. 2º, nº 4, CP consagra a retroatividade de grau máximo ou extremo em que a lei nova (se mais favorável) se aplica a todas as situações que têm origem no passado (sob a vigência da lei antiga), incluindo as que já estão definitivamente decididas por sentença transitada em julgado. A retroatividade extrema reside na parte da norma que afeta o caso julgado.

CASO Nº 29
APLICAÇÃO DAS LEIS NO TEMPO | ALTERAÇÃO DE PRAZOS

O decurso de um prazo pode ter o valor de facto constitutivo ou extintivo de um direito e pode suceder que uma lei nova altere, aumentando ou diminuindo, um prazo que, estando em curso, ainda não permitiu que o direito se constituísse ou extinguisse. Por isso, é necessário saber qual das leis se aplica ao caso: a lei antiga ou a lei nova. Este é justamente o caso vertente em que há uma sucessão de leis no tempo e a lei nova encurta o prazo prescricional previsto na lei antiga.

O artigo 297º, nº 1, CC dispõe que se a lei nova estabelecer um prazo mais curto, aplica-se aos prazos ainda em curso, mas o tempo só se conta a partir da sua entrada em vigor. Todavia, se faltar menos tempo para o prazo se completar segundo a lei antiga, aplicar-se-á esta.

De acordo com a lei antiga o crédito prescreve em 5 anos contados desde o vencimento da obrigação, isto é, quando completadas as 24h do dia 25 de novembro de 2017, o que equivale dizer prescreverá às 00:00 do dia 26/11/2017 (artigo 279º, alíneas b) e c) *ex vi* do artigo 296º CC). De acordo com a lei nova prescreveria em 6 meses contados da sua entrada em vigor (30/05/2017), isto é, completadas as 24h do dia 30/11/2017.

Em conclusão, e de acordo com o artigo 297º, nº 1, 2ª parte, CC, aplica-se a lei antiga, de acordo com a qual o crédito prescreverá às 00:00 do dia 26/11/2017.

CASO Nº 30
ILICITUDE

a) O ato praticado consubstancia simultaneamente um ilícito penal, previsto no artigo 203º CP, e um ilícito civil, nos termos conjugados dos artigos 483º e 1302º CC.
b) Nesta hipótese está em causa um ilícito disciplinar, por força do disposto no artigo 98º e no artigo 128º, nº 1, e) CT.

c) A situação descrita configura vários ilícitos de mera ordenação social por violação dos limites máximos do período normal de trabalho, o que constitui uma contraordenação, nos termos do disposto no artigo 203º, nº 5 CT.

CASO Nº 31
ILICITUDE

João Maria praticou um ato ilícito de mera ordenação social (contraordenação), ao qual corresponde o pagamento de uma coima.

CASO Nº 32
CAUSAS DE EXCLUSÃO DA ILICITUDE

A conduta de Benilde será lícita com fundamento numa causa de exclusão da ilicitude. Neste caso podemos explorar duas vias de exclusão da ilicitude: a legítima defesa e a ação direta.

A primeira, prevista no artigo 337º CC, legitima a atuação de Benilde para afastar uma agressão atual e contrária à lei contra o seu património: a violação do direito de propriedade pela recusa da restituição da posse. Terá então que existir uma agressão atual e ilícita, não sendo viável o recurso aos meios normais (policiais ou judiciais) e ser respeitado o princípio da proporcionalidade (adequação entre o prejuízo que se causa e aquele que pretende evitar).

Na segunda, prevista nos artigos 336º e 1277º CC, pretende-se evitar a inutilização prática do direito a obter a restituição do bem móvel, que pela sua natureza é facilmente dissipável e frágil. De facto, na ação direta é lícito o recurso à força como forma de assegurar um direito (o direito de propriedade), dada a impossibilidade de recorrer, em tempo útil, aos meios coercitivos normais (policiais ou judiciais), e desde que Benilde tenha usado da força apenas na medida necessária para evitar o prejuízo, de acordo com o princípio da proporcionalidade.

CASO Nº 33
CAUSAS DE EXCLUSÃO DA ILICITUDE

Cassiano agiu em estado de necessidade, na medida em que com a sua atuação procurou evitar a consumação ou a ampliação de um dano (agravamento do estado de saúde do irmão). Assim sendo, a conduta de Cassiano é lícita, nos termos do artigo 339º, nº 1 CC. Contudo, terá de indemnizar o proprietário do automóvel pelo prejuízo causado. Não tendo Cassiano qualquer responsabilidade na situação que motivou o estado de necessidade, "o tribunal pode fixar uma indemnização equitativa e condenar nela não só o agente, como aqueles que tiraram proveito do ato", nos termos do artigo 339º, nº 2 CC. Desta forma, pode o tribunal considerar que a indemnização do proprietário do automóvel caberá não só a Cassiano, mas também ao seu irmão, beneficiário da atuação daquele.

CASO Nº 34
CAUSAS DE EXCLUSÃO DA ILICITUDE

Estamos perante a figura do consentimento do lesado enquanto causa de exclusão da ilicitude, prevista no artigo 340º CC. A Dra. Amparo pretende excluir a ilicitude do ato praticado, o dano resultante da intervenção cirúrgica, com fundamento no consentimento do lesado. A questão que se coloca é a da informação que terá sido prestada, isto é, se Margarida foi esclarecida dos riscos que corria. No caso vertente foram omitidos a Margarida eventuais riscos, ainda que improváveis, decorrentes da intervenção cirúrgica. O consentimento neste caso não é informado, a vontade foi viciada, pelo que não constitui causa de exclusão da ilicitude.

CASO Nº 35
DIREITO SUBJETIVO

a) Trata-se de um direito subjetivo propriamente dito, que se traduz no poder jurídico, reconhecido pela ordem jurídica ao credor, de livremente exigir ou pretender (completada a prescrição) do devedor um comportamento positivo (o cumprimento).
b) O direito de preferência é um direito potestativo constitutivo, pois confere ao seu titular (preferente) o poder jurídico, reconhecido pela ordem jurídica, de produzir determinados efeitos jurídicos que inevitavelmente se impõem a outra pessoa (obrigado à preferência).
c) O direito de propriedade é um direito subjetivo propriamente dito, que se traduz no poder jurídico, reconhecido pela ordem jurídica ao proprietário, de exigir um comportamento negativo (dever geral de respeito).
d) O direito à simples separação judicial de bens é um direito potestativo modificativo, pois confere ao seu titular (cônjuge) o poder jurídico, reconhecido pela ordem jurídica, de produzir determinados efeitos jurídicos que inevitavelmente se impõem ao outro cônjuge e que se traduz na alteração do regime de bens.

e) O direito à revogação de uma procuração consiste num direito potestativo extintivo, pois confere ao seu titular (mandante) o poder jurídico, reconhecido pela ordem jurídica, de produzir determinados efeitos jurídicos que inevitavelmente se impõem à outra parte (mandatário) e que se traduz na extinção do mandato.

CASO Nº 36
DIREITO SUBJETIVO

Está em causa um direito de crédito (direito subjetivo propriamente dito), recaindo sobre Ludovino um dever jurídico (comportamento positivo: pagar o montante devido).

CASO Nº 37
DIREITO SUBJETIVO | NEGÓCIO JURÍDICO

a) O contrato de trabalho é um negócio jurídico bilateral (duas declarações de vontade, de conteúdo oposto, mas convergentes) e é um contrato bilateral (obrigações para ambos os contraentes).
b) Romana encontra-se num estado de sujeição. A denúncia é um direito potestativo extintivo: a entidade empregadora nada poderá fazer para evitar a cessação do contrato de trabalho.

CASO Nº 38
NEGÓCIO JURÍDICO| DIREITO SUBJETIVO | ELEMENTOS DA RELAÇÃO JURÍDICA | GARANTIA DAS OBRIGAÇÕES

a) O contrato de arrendamento é um negócio jurídico bilateral (duas declarações de vontade, de conteúdo oposto, mas convergentes) e um contrato bilateral (obrigações para ambas as partes) perfeito ou sinalagmático (reciprocidade entre as obrigações).
b) A denúncia do contrato de arrendamento é um direito potestativo extintivo, uma vez que os efeitos extintivos da relação jurídica se produzem independentemente da vontade do senhorio.
c) O objeto da relação jurídica é a fração autónoma do prédio urbano e o facto jurídico é o contrato de arrendamento.
d) O contrato de arrendamento urbano deve ser celebrado por escrito, por força do artigo 1069º CC; logo, se as partes não observarem a forma legalmente prescrita, o contrato é nulo, nos termos do artigo 220º CC.

e) O prédio urbano é uma coisa imóvel. O artigo 204º CC enumera taxativamente as coisas que são consideradas coisas imóveis. Dessa enumeração taxativa constam na alínea a) os prédios urbanos.

f) Está em causa a fiança, que constitui uma garantia pessoal prevista no artigo 627º CC. De acordo com nº 1 desta norma, o "fiador garante a satisfação do direito de crédito, ficando pessoalmente obrigado perante o credor". Assim, em caso de incumprimento de Simão, o seu fiador, Pedro, fica obrigado a cumprir a obrigação do arrendatário (devedor). Trata-se de uma garantia especial e pessoal, na medida em que além do devedor principal (Simão) uma outra pessoa (Pedro) se vincula a cumprir a obrigação, respondendo com o respetivo património.

CASO Nº 39
FORMA DO NEGÓCIO JURÍDICO | ELEMENTOS DA RELAÇÃO JURÍDICA | LACUNA

a) O objeto da relação jurídica é o veículo automóvel e o facto jurídico é o contrato de compra e venda.

b) Vigora o princípio da liberdade de forma, previsto no art. 219º CC, pelo que o contrato de compra e venda do veículo automóvel não tem que ser reduzido a escrito.

c) Se estivesse em causa a compra e venda de um bem imóvel, este contrato teria natureza formal e não consensual, por neste caso a lei exigir escritura pública ou documento particular autenticado – art. 875º CC. No caso de o contrato não observar a forma legalmente exigida é nulo, por força do art. 220º CC.

d) O contrato de concessão comercial é um contrato atípico, uma vez que não está previsto na lei. Estamos, assim, perante uma lacuna (art. 10º CC) e, neste caso, recorre-se à analogia, aplicando-se, com as necessárias adaptações, o Decreto-Lei nº 178/86, de 3 de julho (alterado pelo Decreto-Lei nº 118/93, de 13 de abril), que aprovou a Lei do Contrato de Agência (contrato análogo, por se tratar em ambos os casos de contratos de distribuição comercial).

CASO Nº 40
DIREITOS DE PERSONALIDADE

Felicidade violou o direito à confidencialidade da mensagem enviada. Estamos perante um direito de personalidade especial, por força do artigo 75º, nº 1 CC;

este artigo refere que "o destinatário de carta-missiva de natureza confidencial deve guardar reserva sobre o seu conteúdo, não lhe sendo lícito aproveitar os elementos de informação que ela tenha levado ao seu conhecimento". Contudo, a natureza confidencial da carta-missiva deve resultar de declaração feita pelo seu autor, sendo certo que a declaração não tem necessariamente de ser expressa, podendo ser tácita.

A conduta de Felicidade viola ainda o direito à reserva sobre a intimidade da vida privada tutelado pelo artigo 80º CC.

CASO Nº 41
DIREITOS DE PERSONALIDADE

Está em causa o direito à imagem previsto no artigo 79º CC, que no seu nº 1 proíbe a exposição, a reprodução ou o lançamento no comércio da imagem de uma pessoa sem o seu consentimento. Contudo, o nº 2 desta norma estabelece uma exceção à regra prevista no nº 1, dispensando o consentimento da pessoa retratada em diversas situações, incluindo a do presente caso. Com efeito, a imagem de Jordana vem enquadrada num espetáculo público junto de diversos fãs. Assim, não tem direito a ser indemnizada pelo jornal, uma vez que, por força do artigo 79º, nº 2 CC, não foi violado o seu direito à imagem.

CASO Nº 42
DIREITOS DE PERSONALIDADE | RESPONSABILIDADE CIVIL

Está em causa o direito ao descanso que se insere no direito à integridade física e moral. O legislador não consagrou o direito ao descanso de forma especial, pois não consta dos artigos 72º a 80º CC. A sua proteção decorre antes da tutela geral dos direitos de personalidade contida no artigo 70º CC. Para que Inês seja responsabilizada civilmente têm que estar preenchidos os cinco pressupostos da responsabilidade civil extracontratual por factos ilícitos: estamos perante um facto voluntário (facto controlável pela vontade de Inês); a conduta de Inês configura um facto ilícito (viola o direito ao repouso dos seus vizinhos); verifica-se culpa (ainda que haja que aferir se se tratou de uma conduta dolosa ou negligente); o facto em causa provocou danos (tendo em conta o enunciado apenas podemos referir danos morais); e, finalmente, verifica-se um nexo de causalidade entre o facto praticado por Inês e os danos sofridos (segundo a teoria da causalidade adequada, a causa juridicamente relevante de um dano é aquela que, em abstrato, se mostra apropriada à produção desse dano).

Assim sendo, e de acordo com o disposto no artigo 483º, nº 1 CC, preenchidos os cinco pressupostos, sobre Inês recairá a obrigação de indemnizar os lesados.

CASO Nº 43
DIREITOS DE PERSONALIDADE | RESPONSABILIDADE CIVIL

a) Com a conduta descrita, Natalino violou o direito à integridade física e moral do professor, direito de personalidade tutelado pelo artigo 70º CC. Em particular violou o direito ao bom nome (artigo 484º CC) e o direito à integridade física (artigo 70º CC). O aluno violou ainda o direito de propriedade (artigo 1302º CC).

b) O professor sofreu danos morais e patrimoniais. A conduta de Natalino causou dores, ferimentos, vergonha e pânico, os quais assumem a natureza de danos morais. Já o valor de eventuais despesas médicas e o valor dos óculos consubstanciam danos patrimoniais.

c) Natalino incorre em responsabilidade civil extracontratual por factos ilícitos, desde que preenchidos os seus cinco pressupostos: trata-se de um facto voluntário (facto controlável pela vontade de Natalino); de um facto ilícito (viola o direito à integridade física e moral do professor, bem como o direito de propriedade); há conduta dolosa (intenção de causar o dano); há danos patrimoniais e morais; e, finalmente, existe nexo de causalidade entre o facto e o dano (segundo a teoria da causalidade adequada, a causa juridicamente relevante de um dano é aquela que, em abstrato, se mostra apropriada à produção desse dano). Assim sendo, e de acordo com o artigo 483º, nº 1 CC, Natalino é obrigado a indemnizar o professor pelos danos causados.

CASO Nº 44
RESPONSABILIDADE CIVIL | CAUSAS DE EXCLUSÃO DA ILICITUDE

a) Damião consentiu que Inácio violasse o seu direito de propriedade. Assim sendo, Inácio praticou um ato lícito, pois estamos perante uma causa de exclusão da ilicitude – consentimento do lesado, de acordo com o artigo 340º CC.

b) Damião incorre em responsabilidade civil extracontratual por factos ilícitos, de acordo com o artigo 483º, nº 1 CC, desde que verificados os cinco pressupostos.

c) Damião violou o direito de propriedade de Élia, previsto no artigo 1302º CC.

d) Não assiste razão a Damião. Um dos pressupostos da responsabilidade civil extracontratual por factos ilícitos é a culpa, que pode assumir a forma de dolo ou de negligência (mera culpa), prevista no artigo 483º, nº 1 CC. Neste caso Damião atuou com negligência, que se traduziu na omissão do dever de cuidado. Assim, Damião será responsabilizado, ainda que, nos termos do artigo 494º CC, a indemnização possa ser equitativamente fixada em montante inferior ao valor dos danos causados, por se verificar uma diminuição do grau de culpabilidade do agente.

e) O artigo 496º CC prevê a indemnização dos "danos não patrimoniais", que pela sua gravidade mereçam a tutela do direito, o que afasta as simples contrariedades ou incómodos. Embora a lei fale de "indemnização", a doutrina opta por "compensação", uma vez que não será possível colocar o lesado na situação em que estaria caso não tivesse ocorrido a lesão, mas apenas compensá-lo pelos danos morais sofridos. No caso concreto, Élia poderia vir a ser indemnizada com fundamento no pânico espoletado pela colisão, mas já não pela tristeza de ver o automóvel novo danificado.

CASO Nº 45
RESPONSABILIDADE CIVIL | NEGÓCIO JURÍDICO

a) O negócio jurídico descrito no enunciado é um contrato de compra e venda, previsto no artigo 874º CC. É um negócio jurídico bilateral (duas declarações de vontade, de conteúdo oposto, mas convergentes) e um contrato bilateral (obrigações de ambos os lados) perfeito ou sinalagmático (reciprocidade entre as obrigações).

b) O vendedor incorre em responsabilidade civil contratual, presumindo-se a sua culpa conforme o disposto nos artigos 798º e 799º, respetivamente. Neste caso, estão preenchidos todos os pressupostos da responsabilidade civil contratual: a ilicitude (desconformidade entre a conduta expectável para realizar a prestação e a conduta efetivamente observada: o vendedor deveria ter entregue a estátua no dia 1 de setembro e não o fez); a culpa (neste caso presumida); o prejuízo sofrido pelo credor; e, finalmente, o nexo de causalidade entre o facto e o prejuízo.
O vendedor ficou constituído em mora no dia 1 de setembro, data fixada para o cumprimento da obrigação da entrega da escultura. O credor pode exigir o cumprimento da obrigação se ainda mantiver interesse na

prestação ou resolver o contrato, exigindo a restituição do que prestou (*vide* artigos 805º, nº 2, a), 808º, 801º, nº 2 CC).

c) Maria Francisca de Vasconcellos incorre em responsabilidade civil extracontratual por factos ilícitos, desde que preenchidos os seus cinco pressupostos. Na verdade, trata-se de um facto voluntário (facto controlável pela vontade de Maria Francisca); de um facto ilícito (viola o direito de propriedade de Tomás); há culpa, uma vez que Maria Francisca foi negligente; da conduta de Maria Francisca resultaram danos patrimoniais (o valor da estátua) e danos morais (o desgosto, a tristeza); e, finalmente, verifica-se o nexo de causalidade entre o facto e os danos. No que respeita aos danos patrimoniais, como não será possível a reconstituição *in natura*, Maria Francisca terá que pagar uma indemnização em dinheiro, por força dos artigos 483º, nº 1 e 566º CC; já no que concerne aos danos morais ou não patrimoniais que, pela sua gravidade, mereçam a tutela do direito, poderão ser reparados mediante o pagamento de uma compensação, prevista no artigo 496º CC.

CASO Nº 46
RESPONSABILIDADE CIVIL

O artigo 502º CC coloca sobre o dono dos animais uma responsabilidade objetiva, independentemente de culpa, o que significa que Julieta terá que responder pelos danos causados pelo seu animal. A norma contida no artigo 502º CC responsabiliza os que utilizam os animais no seu próprio interesse, designadamente o proprietário, *in casu* Julieta.

A responsabilidade prevista no artigo 493º CC, e que não se equaciona no caso vertente, baseia-se numa presunção de culpa do vigilante, isto é, daquele que tem o dever de vigiar o animal, tal como o guardador, o tratador, o potencial comprador. Trata-se aqui de uma responsabilidade delitual ou por factos ilícitos.

CASO Nº 47
RESPONSABILIDADE CIVIL

a) Fausto incorre em responsabilidade civil extracontratual por factos lícitos, por força do artigo 1322º CC.

b) Apesar da licitude da sua conduta, Fausto é responsável pelos danos que causou, nos termos do artigo 1322º, nº 1, 2ª parte, CC. Geraldo sofreu danos patrimoniais: o valor da amendoeira. Se for possível, suficiente e não excessivamente oneroso, terá lugar a reconstituição *in natura*; caso contrário, Fausto terá que pagar uma indemnização em dinheiro, por força do artigo 566º, nº 1 CC.

CASO Nº 48
NEGÓCIO JURÍDICO | TUTELA JURÍDICA

a) Estamos perante um contrato de compra e venda de coisa móvel. Este contrato não depende da observância de forma especial, nos termos dos artigos 874º e 219º CC.
b) A conduta do gerente da fábrica é ilícita, uma vez que viola o direito de propriedade de Miriam. A tutela privada, prevista nos artigos 336º a 340º CC, só é admitida nas situações excecionais neles ínsitas, e neste caso não estamos perante nenhuma delas.

Casos Práticos de Teoria Geral do Direito Civil

CASO Nº 49
INCAPACIDADE DE EXERCÍCIO DE DIREITOS | MENORIDADE

Penélope fez 17 anos na semana passada e trabalha desde os 16 anos. Fruto do seu trabalho, Penélope conseguiu amealhar dinheiro suficiente para comprar um ciclomotor, o que fez no início desta semana. Acontece que os seus pais nunca concordaram com tal ideia e pretendem pedir a anulação do negócio jurídico. *Quid iuris?*

CASO Nº 50
INCAPACIDADE DE EXERCÍCIO DE DIREITOS | MENORIDADE | NEGÓCIO JURÍDICO

Anamar, de 16 anos, doou a sua mota Piaggio Hexagon ao seu namorado, Adónis.

a) Identifique o negócio jurídico presente no enunciado. Sendo um contrato, uma vez que existem duas declarações de vontade, diga se quanto às obrigações existentes é um contrato unilateral ou bilateral.
b) Poderão os pais de Anamar pedir a anulação do negócio? Se sim, até quando o poderão fazer?

CASO Nº 51
INCAPACIDADE DE GOZO DE DIREITOS | INCAPACIDADE DE EXERCÍCIO DE DIREITOS

Suponha que Hermengarda, de 15 anos de idade, casou com Eurico, comprou a revista "S.O.S. Raparigas", fez um testamento a favor da sua melhor amiga e vendeu um *Smartphone* de última geração ao seu professor de natação.

a) Aprecie a validade de cada um dos atos mencionados.
b) As incapacidades mencionadas no enunciado são supríveis?
c) Suponha que Hermengarda sofre de uma anomalia psíquica e que os seus pais pretendem requerer o acompanhamento na data de hoje. *Quid iuris?*

CASO Nº 52
INCAPACIDADES DE EXERCÍCIO DE DIREITOS | GARANTIA

Geraldina tem 16 anos e frequenta o 11º ano de escolaridade. No início do presente ano letivo, Otávio, com 18 anos, foi transferido para a escola e para a turma de Geraldina. Que grande sorte! Geraldina e Otávio apaixonaram-se ao primeiro olhar...

a) Geraldina pode casar com Otávio?
b) Suponha que Geraldina casa sem a autorização dos seus pais. *Quid iuris?*

Juliano, irmão de Otávio, tem 14 anos de idade. Na véspera de Natal, decidiu comprar um motociclo com o dinheiro que amealhava desde os 5 anos e escondeu-o na garagem de Floriano, seu amigo de infância. Ontem, os pais de Juliano descobriram o segredo do filho.

c) Até quando os pais de Juliano poderão pedir a anulação do negócio? E se deixarem passar o prazo?

Luciana, a única prima de Juliano e Otávio, tem 25 anos de idade e sofre de graves deficiências auditivas. O seu passatempo favorito é passear nos *shoppings* e comprar acessórios de moda: cintos, lenços, brincos e colares. No sábado passado, Luciana não comprou nenhum acessório, mas uma gigantesca televisão com ecrã de plasma, no valor de € 4.500,00.

d) Aprecie a validade do contrato de compra e venda.
e) Suponha que a televisão se avariou e que Luciana a entregou para reparação numa loja de assistência técnica, cujo proprietário é o Sr. Andrade. Caso Luciana não pague a reparação, será aquele obrigado a entregar-lhe a televisão? Qual é a garantia real em causa?

CASO Nº 53
INCAPACIDADE DE EXERCÍCIO DE DIREITOS | DOLO DO MENOR

André tem 16 anos e celebrou um contrato de compra e venda de um computador a pagar em 3 prestações mensais, no valor de € 500,00 cada. No ato de celebração do contrato, entregou uma cópia forjada do seu cartão de cidadão, fazendo passar-se por maior de idade. André pagou apenas a primeira prestação. A empresa fornecedora do computador intentou uma ação contra ele a exigir o pagamento das prestações em falta. André, que já tinha atingido a maioridade, defendeu-se invocando a anulabilidade do contrato.

a) Pronuncie-se sobre a viabilidade da defesa de André.
b) E se a ação tivesse sido intentada na pendência da menoridade de André e a anulabilidade fosse invocada pelos pais deste. *Quid iuris*?

CASO Nº 54
INCAPACIDADE DE EXERCÍCIO DE DIREITOS | MENORIDADE | CONFIRMAÇÃO

Ana tem 17 anos, é estudante, e entusiasmada com a mota da sua amiga Berta, resolve também ela adquirir uma mota no valor de € 5.500,00, em prestações. Imediatamente após a compra da mota, Ana atingiu a maioridade e pagou uma prestação, não tendo pago as restantes no valor total de € 5.300,00. O vendedor da mota intentou uma ação contra Ana a exigir o pagamento das prestações em falta. Ana defendeu-se invocando a anulabilidade do contrato. *Quid iuris*?

CASO Nº 55
REGIME JURÍDICO DO MAIOR ACOMPANHADO

Milene tem 37 anos, é solteira e sofre de uma anomalia psíquica, motivo pelo qual beneficia de medidas de acompanhamento. A sentença que decidiu o acompanhamento designou como acompanhante Murilo, irmão de Milene. O tribunal cometeu a Murilo o regime da representação geral, dispensando a constituição do conselho de família.

a) Milene é incapaz do exercício dos seus direitos?
b) Poderia o Tribunal ter dispensado a constituição do conselho de família?
c) Milene está apaixonada por Márcio e pretende casar com este. *Quid iuris*?
d) Murilo pretende pedir a exoneração do acompanhamento. *Quid iuris*?

CASO Nº 56
REGIME JURÍDICO DO MAIOR ACOMPANHADO

Pompeu, de provecta idade e com capacidades diminuídas em razão da idade, beneficia de acompanhamento, sujeito ao regime de autorização prévia para a prática de atos de disposição. O tribunal designou Vladimiro, seu sobrinho, para exercer o acompanhamento. Sucede que, sem autorização do acompanhante, Pompeu vendeu o seu iate a Quintino e fez um testamento a favor de Reinalda. Pompeu vendeu ainda um terreno rústico a Alice, namorada de Vladimiro, com a autorização prévia deste último. Aprecie a validade destes atos.

CASO Nº 57
REGIME JURÍDICO DO MAIOR ACOMPANHADO

Bartolomeu, de 42 anos, sofreu um acidente vascular cerebral e, em consequência, apresenta atualmente um défice neurológico grave. Bianca, mulher de Bartolomeu, apresentou um pedido de acompanhamento, e, cumulativamente, o pedido de suprimento da autorização do beneficiário. Depois de anunciado o início do processo, Bartolomeu doou à sua empregada doméstica um valioso relógio que herdara do avô paterno. Posteriormente, a sentença decidiu o acompanhamento e cometeu a Bianca o regime da representação geral. Esta tomou conhecimento daquele negócio jurídico ainda na pendência da ação e pretende obter a restituição do relógio. *Quid iuris*?

CASO Nº 58
REGIME JURÍDICO DO MAIOR ACOMPANHADO

Ana Maria tem 58 anos e é divorciada. No passado dia 1 de agosto sofreu um acidente de viação e, em consequência, apresenta atualmente um défice neurológico grave. O filho Bruno aconselhou-se juridicamente e intentou uma ação judicial a requerer o acompanhamento e, cumulativamente, o suprimento da autorização de Ana Maria. Após a propositura da ação, e antes da sua publicidade, Ana Maria doou a uma irmã um quadro que tinha adquirido recentemente num leilão. Bruno pretende invalidar o negócio jurídico e obter a restituição do quadro. *Quid iuris*?

CASO Nº 59
REGIME JURÍDICO DO MAIOR ACOMPANHADO

Aurélio tem 30 anos e é casado. Há uns meses tem vindo a apresentar comportamentos instáveis e Berenice, sua mulher, descobriu que aquele gasta todo o seu rendimento no jogo. A mulher pretende reagir contra tal situação e intentou uma ação para o seu acompanhamento.

a) Indique se Berenice tem legitimidade para requerer o regime jurídico de acompanhamento?
b) Caso venha a ser decretado o acompanhamento, quem pode ser nomeado acompanhante?
c) Caso seja deferido o acompanhamento e o tribunal decrete como medida a autorização prévia para a disposição de bens, poderá Aurélio contratar uma empresa para eliminação de humidade e pintura do teto da garagem?
d) Poderá Aurélio denunciar o seu contrato de trabalho e mudar de emprego?

CASO Nº 60
REGIME JURÍDICO DO MAIOR ACOMPANHADO

Abel é um reconhecido empresário, proprietário de uma confortável fortuna, viúvo e tem apenas uma filha solteira, Albertina. Atendendo à sua idade e prevenindo uma eventual necessidade de acompanhamento, Abel celebrou com o cunhado, Platão, seu consultor financeiro de longa data, um contrato de mandato para a gestão dos seus interesses.

Recentemente, Abel adoeceu e encontra-se em coma induzido. A filha discorda da gestão levada a cabo pelo tio e intenta uma ação com vista ao acompanhamento de Abel, pedindo ao tribunal que revogue o contrato de mandato.

O tribunal veio a decretar o acompanhamento de Abel, pelo período de 6 meses, sujeito a revisão decorrido tal prazo, e designou Platão como acompanhante. Albertina entende que o tribunal a devia ter designado como acompanhante por tempo indeterminado, e pretende recorrer da decisão judicial. *Quid iuris*?

CASO Nº 61
REGIME JURÍDICO DO MAIOR ACOMPANHADO | DIREITO SUBJETIVO | DIREITOS DE PERSONALIDADE

Aos 18 anos, Dalila casou com Sansão, de 33 anos. Foi uma cerimónia muito bonita e viveram felizes durante os primeiros dois anos. As crises conjugais começaram quando Dalila começou a abusar de estupefacientes. Sansão, embora apaixonado, está em desespero e quer dar um novo rumo à sua vida.

a) Poderá Dalila beneficiar de uma medida de acompanhamento?
b) Quem tem legitimidade para requerer o acompanhamento?
c) Suponha que Sansão pede o divórcio sem o consentimento do cônjuge, por entender que a dependência de estupefacientes de Dalila conduziu à rutura definitiva do casamento. Poderá esta impedi-lo? Justifique.

Sansão decide publicar, no jornal da localidade, uma fotografia de Dalila caída na via pública, sob o efeito de drogas, para alertar os jovens da vila para os perigos da toxicodependência.

d) Identifique o direito violado por Sansão.
e) Qual ou quais são as possibilidades de reação de Dalila?

CASO Nº 62
NEGÓCIO USURÁRIO | INVALIDADE DO NEGÓCIO JURÍDICO | PRESCRIÇÃO E CADUCIDADE

Humberto é viúvo, tem 90 anos e herdou do seu irmão vários apartamentos num moderno prédio sito na Avenida da Boavista, no Porto. Por razões de saúde, Humberto nunca visitou os apartamentos que herdou por morte do irmão. Bártolo tem 27 anos e é vizinho de Humberto desde que nasceu. Pretendendo deixar a casa de seus pais, tomou de arrendamento, no dia 4 de janeiro de 2016, o melhor apartamento que Humberto herdou. Em agosto de 2016, após a visita do seu filho que está emigrado na Holanda, Humberto teve conhecimento de que a renda que recebe ao abrigo do contrato celebrado com Bártolo é 90% abaixo do valor do mercado. Humberto intentou uma ação para invalidar o negócio em causa no passado dia 12 de janeiro de 2017. Bártolo defendeu-se invocando que o contrato é perfeitamente válido e que, em todo o caso, sempre estaria prescrito o direito a invalidar o negócio. *Quid iuris?*

CASO Nº 63
INCAPACIDADE ACIDENTAL

No dia 13 de julho de 2017, Salvador, caloiro da Escola Superior de Comunicação, Administração e Turismo, em Mirandela, do Instituto Politécnico de Bragança, participou numa festa para celebrar o fim dos exames e o início das férias de verão. Por volta das 6 horas da manhã, ao sair da discoteca "Arte Velha", notoriamente embriagado, vendeu o seu relógio de uma marca conceituada a um colega, que não bebeu álcool durante toda a noite, pela quantia de € 5,00.

a) Aprecie a validade deste negócio.
b) Salvador pretendeu reaver o relógio no dia 2 de agosto de 2018. *Quid iuris?*

CASO Nº 64
DIREITO PÚBLICO E DIREITO PRIVADO | FACTO JURÍDICO | FORMA DO CONTRATO

Atente nas seguintes relações jurídicas:

I. António compra a Bernardo um bem imóvel.
II. A Câmara Municipal do Porto decide instalar um posto de atendimento ao munícipe num prédio urbano, propriedade de Carlos, celebrando as partes um contrato de arrendamento com a duração de cinco anos.

a) Diga se as relações jurídicas enunciadas são públicas ou privadas, tendo em conta o melhor critério de distinção.
b) Identifique o(s) facto(s) jurídico(s) das relações jurídicas enunciadas.
c) O contrato de compra e venda do bem imóvel apenas poderá ser celebrado por documento autêntico ou poderá ser por documento particular?

CASO Nº 65
ATO JURÍDICO | DOMICÍLIO

Vítor, Solicitador, vive no Porto e tem instalado o seu escritório em Matosinhos. Tem ainda um escritório e uma casa de fim de semana na sua terra natal em Viana do Castelo, cidade onde exerce a sua atividade à sexta-feira e onde dorme até domingo, dia em que regressa ao Porto. No corrente ano letivo, Vítor adquiriu um automóvel em prestações, por documento escrito, tendo fixado no contrato como domicílio o seu escritório em Matosinhos. Qualifique à luz do Código Civil os diferentes domicílios de Vítor.

CASO Nº 66
FORMAÇÃO E CONCLUSÃO DO NEGÓCIO JURÍDICO | MODALIDADES DA DECLARAÇÃO NEGOCIAL

Mário é professor e no átrio da escola utilizou a máquina automática de bebidas. Mário selecionou a bebida pretendida e introduziu uma moeda pelo valor exato do preço exibido. Sucede que a máquina avariou e reteve a moeda, mas não disponibilizou a bebida. Qualifique os factos descritos à luz das regras da formação do negócio jurídico.

CASO Nº 67
FORMAÇÃO E CONCLUSÃO DO NEGÓCIO JURÍDICO | CONVITE A CONTRATAR | PERFEIÇÃO DA DECLARAÇÃO NEGOCIAL

Andreia é decoradora e no dia 20 de janeiro visitou a loja do Sr. Gomes, antiquário e seu fornecedor habitual, tendo ficado interessada na compra de um móvel usado, disponível para venda pelo valor de € 5.000,00. Andreia propôs ao Sr. Gomes a compra do móvel pelo valor de € 4.000,00. O antiquário pede-lhe que volte no dia seguinte, pois pretendia pensar sobre a proposta. Andreia concorda e volta ao antiquário no dia 21 de janeiro. Sucede que a loja estava fechada. Contudo, nesse mesmo dia Andreia recebe uma mensagem telefónica do Sr. Gomes a informar que, por motivos pessoais, esteve ausente da parte da manhã, mas aceitava vender o móvel pelo preço de € 4.000,00.

a) Analise os factos descritos e responda se as partes celebraram um contrato.
b) E se o Sr. Gomes tivesse enviado a mensagem a aceitar vender pelo preço de € 4.000,00 no dia 23 de janeiro. *Quid iuris*?
c) Suponha agora que ao invés de enviar uma mensagem, no dia 21 de janeiro, o Sr. Gomes entrega no armazém de Andreia o móvel acompanhado da fatura no valor de € 4.000,00. *Quid iuris*?

CASO Nº 68
FORMAÇÃO E CONCLUSÃO DO NEGÓCIO JURÍDICO | SILÊNCIO COMO MEIO DECLARATIVO

No passado dia 15 de janeiro, Almerinda contactou uma empresa de reparação de instalações de gás e solicitou uma deslocação a sua casa para intervenção na caldeira a gás que deixou de funcionar. A empresa informou-a de que a deslocação e o orçamento dos trabalhos teriam o custo de € 75,00, a que acrescia o valor da eventual reparação. Almerinda aceitou de imediato e por telefone os termos propostos. No dia seguinte, Almerinda recebeu em sua casa o técnico da referida empresa que lhe apresentou um orçamento para a reparação de € 500,00. Almerinda informa o técnico que pretende obter uma segunda opinião, pelo que irá contactar outras empresas. No dia 17 de janeiro, Almerinda recebeu em casa uma fatura para pagamento da deslocação do técnico e da elaboração do orçamento, no valor de € 75,00. Almerinda devolveu a fatura à empresa com o fundamento de que desistiu dos trabalhos, pelo que nada deve.

a) Analise os factos supra descritos e responda se as partes celebraram um contrato. Indique, ainda, se assiste razão a Almerinda.
b) Suponha agora que a empresa enviou o orçamento a Almerinda por *e-mail* e que esta nada disse. Passados 15 dias sobre o envio do referido *e-mail*, o técnico desloca-se a casa de Almerinda para reparar a caldeira. Almerinda recusa a reparação, porque não aceitou o orçamento. *Quid iuris*?

CASO Nº 69
CLASSIFICAÇÃO E EFICÁCIA DO NEGÓCIO JURÍDICO

Alexandrino vendeu a Belmira, por documento particular, o seu cavalo "Surgrafe" pelo valor de € 10.000,00 a pagar em 4 prestações iguais, mensais e sucessivas. As partes convencionaram a reserva de propriedade a favor de Alexandrino até integral pagamento do preço. Este entregou o cavalo a Belmira no ato de celebração do contrato.

a) Identifique e classifique o contrato celebrado entre Alexandrino e Belmira.
b) Pronuncie-se sobre os efeitos da conclusão do contrato.

CASO Nº 70
DIVERGÊNCIA INTENCIONAL ENTRE A VONTADE E A DECLARAÇÃO | SIMULAÇÃO ABSOLUTA

Amadeu ficou desempregado e encontra-se numa situação económica difícil. Receando a penhora dos seus bens, combinou com a prima, Bárbara, elaborar um contrato de comodato do recheio de sua casa. De acordo com o referido contrato, Bárbara emprestou a Amadeu, pelo período de um ano, todo o mobiliário existente na sua casa e discriminado no documento assinado por ambos. Pronuncie-se sobre a validade do contrato de comodato celebrado entre Amadeu e Bárbara.

CASO Nº 71
DIVERGÊNCIA INTENCIONAL ENTRE A VONTADE E A DECLARAÇÃO | SIMULAÇÃO RELATIVA SUBJETIVA

David pretende vender um imóvel a seu filho Carlos, mas não consegue obter o consentimento do seu outro filho, Marco. Assim, por acordo entre todos e apenas com o intuito de ultrapassar a falta de consentimento de Marco, David celebrou com Ernesto um contrato de venda do imóvel, que por sua vez o vende a Carlos, filho de David. Marco pretende invalidar os negócios jurídicos em causa. *Quid iuris?*

CASO Nº 72
DIVERGÊNCIA INTENCIONAL ENTRE A VONTADE E A DECLARAÇÃO | SIMULAÇÃO RELATIVA OBJETIVA

Guilherme e Hugo celebraram um contrato de compra e venda de imóvel e declararam no documento particular autenticado o preço de € 250.000,00 quando, na verdade, Hugo apenas pagará a Guilherme o valor de € 150.000,00. Guilherme e Hugo acordaram em declarar um preço superior ao preço real e suportar os encargos daí decorrentes, para enganar Andreia, titular de um direito de preferência sobre o imóvel objeto do contrato, com o intuito de evitar o exercício da preferência. Suponha que Andreia vem a tomar conhecimento do preço real do negócio. *Quid iuris?*

CASO Nº 73
DIVERGÊNCIA INTENCIONAL ENTRE A VONTADE E A DECLARAÇÃO | RESERVA MENTAL

Alice é uma mulher de 30 anos, bastante sofrida. Após várias vicissitudes na sua vida profissional e amorosa, sofreu um acidente de viação há duas semanas. Foi uma perda total do veículo, tendo fraturado 2 costelas e o colo do fémur. Alice está numa profunda depressão. A sua melhor amiga, Ximene, tem visitado todos os dias Alice, que se encontra em casa, desde que teve alta hospitalar. Ximene tem as chaves de casa daquela, e, ontem, numa das suas habituais visitas, ao entrar no quarto, vê Alice com uma pistola de defesa da marca Walther, calibre 9 mm, nas mãos. Assustada com o que a amiga poderia fazer, Ximene, desesperada, e apenas para evitar aquilo que julgou ser uma tentativa de suicídio, afirma que foi sorteada com o Euromilhões e que lhe oferece o seu automóvel, acabado de comprar, Mercedes-AMG GT. *Quid iuris*?

CASO Nº 74
DIVERGÊNCIA INTENCIONAL ENTRE A VONTADE E A DECLARAÇÃO | DECLARAÇÃO NÃO SÉRIA

Inês realizou o exame final de Teoria Geral do Direito Civil e obteve a nota de 8 valores, pelo que terá de realizar uma prova oral. No dia da prova, e logo após o seu início, Inês afirma em tom jocoso: "Professor! Se eu passar à unidade curricular, caso-me consigo!". Pronuncie-se sobre a validade da declaração de Inês.

CASO Nº 75
DIVERGÊNCIA NÃO INTENCIONAL E IGNORADA ENTRE A VONTADE E A DECLARAÇÃO | FALTA DE CONSCIÊNCIA DA DECLARAÇÃO

Joaquim e Luís são amigos de longa data e encontraram-se ao final da tarde numa esplanada. Joaquim sempre mostrou interesse na aquisição da mota Ducati de que Luís é proprietário há vários anos. Luís pretende agora vender a mota e propõe a Joaquim a sua venda. Este, momentaneamente distraído com uma cena familiar na mesa ao lado, acena que sim. Quando Luís se desloca a casa de Joaquim para entregar a mota, este recusa a entrega por não ter celebrado qualquer negócio jurídico. *Quid iuris?*

CASO Nº 76
DIVERGÊNCIA FORÇADA ENTRE A VONTADE E A DECLARAÇÃO | COAÇÃO FÍSICA

Numa reunião do conselho de administração de uma sociedade comercial, os administradores estão reunidos para aprovar a aquisição de maquinaria para cumprimento de um contrato de fornecimento com um cliente. Acontece que Antonieta, membro do conselho de administração, está em processo de divórcio com Bernardo, também administrador, e na altura da votação (braço no ar), agarra, sob a mesa e com força, nos braços de Claudete, administradora e filha de ambos, impedindo-a de votar a favor da aquisição proposta. *Quid iuris*?

CASO Nº 77
DIVERGÊNCIA NÃO INTENCIONAL E IGNORADA ENTRE A VONTADE E A DECLARAÇÃO | ERRO NA DECLARAÇÃO

Roberta é brasileira e está de visita ao Porto. Num dos seus passeios pela cidade entra num bazar de fantasias, brinquedos e doces e pede “uma dúzia de balinhas”. O lojista entrega a Roberta uma dúzia de bombinhas de carnaval. Roberta diz que pretendia balinhas e, por coincidência, um cliente que presencia o diálogo explica ao vendedor que balinhas no Brasil são rebuçados! O vendedor afirma que vendeu a Roberta o que esta pediu. *Quid iuris*?

CASO Nº 78
DIVERGÊNCIA NÃO INTENCIONAL E IGNORADA ENTRE A VONTADE E A DECLARAÇÃO | ERRO DE ESCRITA

Manuela é trabalhadora na “Limpeza Cintilante Lda.” há vários anos e, tendo decidido emigrar, envia uma carta ao empregador a comunicar a denúncia do seu contrato de trabalho, respeitando o aviso prévio previsto na lei. A carta foi enviada para a sede da sociedade que a recebeu, o que Manuela atestou pelo aviso de receção devidamente assinado. Na data da cessação do contrato, a empresa deduziu aos valores a pagar a Manuela, nos termos legais, o valor correspondente à falta de aviso. Manuela argumenta que comunicou a sua decisão de denúncia respeitando o prazo legal. A empresa exibe a carta de comunicação da denúncia que no seu cabeçalho e, por lapso, vai dirigida a outra empresa do grupo empresarial de que esta faz parte. Manuela declara que a dedução do valor correspondente a falta de aviso prévio é um abuso e pretende reagir. *Quid iuris?*

CASO Nº 79
VÍCIO DA VONTADE | ERRO-VÍCIO | ERRO SOBRE A PESSOA

Octávio é um engenheiro, reformado, que vive em Portugal e trabalhou em África. Tendo recentemente descoberto António, filho de um amigo com quem trabalhou há vários anos em África e que muito estimava, doou-lhe um carro de coleção. Ulteriormente e para seu desgosto veio a descobrir que António não era filho do seu grande amigo. Poderá Octávio invalidar a doação?

CASO Nº 80
VÍCIO DA VONTADE | ERRO-VÍCIO | ERRO SOBRE OS MOTIVOS

Determinada Câmara Municipal contactou diversos particulares, proprietários de prédios rústicos sitos no respetivo concelho, informando-os de que iria proceder à expropriação dos ditos prédios. Nessa comunicação, informa que os prédios a expropriar se destinam à implementação de um parque de campismo. Em face disto, seguiram-se diversas reuniões entre a Câmara Municipal e os particulares. No seguimento da comunicação camarária e das reuniões havidas, Carlos, um dos referidos particulares, vendeu à Câmara Municipal o prédio rústico de que era proprietário, por metade do preço de mercado. Ulteriormente a Câmara Municipal vendeu o prédio rústico que adquirira a Carlos, para construção e ao dobro do preço de aquisição. Carlos ficou indignado e pretende invalidar o negócio. *Quid iuris*?

CASO Nº 81
VÍCIO DA VONTADE | DOLO

Eugénio é proprietário de um veículo automóvel que regista 90.000 Km e pretende adquirir um automóvel usado com menos quilometragem. Para tanto, deslocou-se à garagem "AS – Augusto Silva, Automóveis Usados" e ficou interessado num Fiat, com apenas 45.000 Km. Eugénio adquiriu o Fiat em causa, tendo dado para pagamento de metade do preço o seu automóvel usado, e pago o remanescente, no valor de € 10.000,00, em numerário. Celebrado o negócio jurídico, Eugénio ficou na posse do veículo, mas só mais tarde recebeu os documentos e o livro de assistência da viatura. Foi nesse momento que constatou que na última revisão do veículo, no ano anterior, estavam já registados cerca de 85.000 Km. Eugénio está indignado e pretende anular o negócio, já que o vendedor lhe garantiu que o veículo tinha percorrido apenas 45.000 Km, que o conta-quilómetros apresentava, o que foi decisivo para o ter adquirido. O vendedor sabia que o seu anterior veículo tinha cerca de 85.000 Km e que esse facto foi determinante para Eugénio comprar um veículo com menor quilometragem. *Quid iuris*?

CASO Nº 82
VÍCIO DA VONTADE | COAÇÃO MORAL

Sancha é Agente de Execução e no desempenho das suas funções, no âmbito de um processo executivo, deslocou-se à sede da sociedade executada, para proceder a uma diligência de penhora com remoção de bens. Sancha foi recebida por Vera, que a informou que o local da penhora correspondia à sua morada de família e que os bens lhe pertenciam, acrescentando que nada tinha a ver com a sociedade executada. Sancha prosseguiu com a diligência de penhora e começou a remover bens, entre eles um televisor, uma *playstation* e um sofá. Transtornada, e para evitar a remoção dos bens, Vera propõe à Agente de Execução assumir a dívida da sociedade como fiadora, celebrar acordo de pagamento em prestações e pagar desde logo a primeira prestação. A Agente de execução procede à penhora dos bens existentes no local, mas sem remoção. Ulteriormente, Vera, que é sócia da sociedade executada, requer a anulação do acordo de pagamento em prestações e a restituição da primeira prestação paga, com fundamento em coação moral por parte da Agente de Execução. Pronuncie-se sobre a pretensão de Vera.

Tópicos de Resolução dos Casos de Teoria Geral do Direito Civil

CASO Nº 49
INCAPACIDADE DE EXERCÍCIO DE DIREITOS I MENORIDADE

Apesar de menor e, portanto, sofrer de incapacidade de exercício de direitos, à luz do disposto nos artigos 122º e 123º CC, a compra realizada por Penélope é válida. O caso em análise cabe na exceção prevista no artigo 127º, nº 1, a) CC, já que Penélope é maior de dezasseis anos e o ciclomotor foi adquirido com o produto do seu trabalho.

Assim, os pais de Penélope não têm fundamento legal para intentar uma ação de anulação do negócio jurídico, por se tratar de ato jurídico, praticado pelo menor, excecionalmente válido.

CASO Nº 50
INCAPACIDADE DE EXERCÍCIO DE DIREITOS I MENORIDADE I NEGÓCIO JURÍDICO

a) O negócio jurídico presente no enunciado é uma doação, previsto no artigo 940º, nº 1 CC. Sendo um contrato, uma vez que integra duas declarações de vontade, é um contrato unilateral, já que existe apenas uma obrigação, a que recai sobre o doador.
b) A doação não é válida nos termos conjugados dos artigos 122º, 123º e, ainda, por aplicação do artigo 127º, resultante de interpretação enunciativa, argumento a *contrario sensu*. Assim, os pais de Anamar poderão pedir a anulação do contrato, ao abrigo do artigo 125º, nº 1, a) CC. Para o fazerem dispõem do prazo de um ano a contar da data do conhecimento do contrato, mas nunca depois da menor atingir a maioridade ou se emancipar.

CASO Nº 51
INCAPACIDADE DE GOZO DE DIREITOS | INCAPACIDADE DE EXERCÍCIO DE DIREITOS

a) O casamento é anulável, por força dos artigos 1601º, a) e 1631º, a) CC; a compra da revista é válida, de acordo com o artigo 127º, nº 1, b) CC; o testamento é nulo, nos termos dos artigos 2189º, a) e 2190º CC; por último, a venda do *Smartphone* é anulável, ao abrigo do artigo 125º CC.

b) As incapacidades para casar e para testar são insupríveis, uma vez que estamos perante incapacidades de gozo. Relativamente à venda do *Smartphone*, a incapacidade de exercício poderá ser suprida pelos representantes legais da menor, de acordo com o artigo 124º CC.

c) Os pais de Hermengarda não podem, à data de hoje, interpor a ação, uma vez que a sua filha ainda tem 15 anos e, na verdade, já está protegida pelo instituto da menoridade. O regime do acompanhamento aplica-se a maiores, mas pode ser requerido e instaurado dentro do ano anterior à maioridade, para produzir efeitos a partir do dia em que o menor atinja a maioridade, de acordo com o artigo 142º CC.

CASO Nº 52
INCAPACIDADES DE EXERCÍCIO DE DIREITOS | GARANTIA

a) Uma vez que Geraldina já tem 16 anos é-lhe permitido casar, de acordo com o artigo 1601º, a) CC.

b) Por força do casamento Geraldina fica emancipada, conforme dispõem os artigos 132º e 133º CC. Contudo, em virtude da falta de autorização dos pais, apesar da validade do casamento, continua "a ser considerada menor quanto à administração de bens que leve para o casal ou que posteriormente lhe advenham por título gratuito até à maioridade", conforme dita o artigo 1649º, nº 1 CC.

c) Os pais de Juliano dispõem de um ano a contar do conhecimento do negócio para pedir a sua anulação, conforme o preceituado no artigo 125º, nº 1, a) CC. Se o representante toma conhecimento do negócio e não exerce o direito no prazo de 1 ano a contar desse conhecimento, o direito potestativo à arguição da anulabilidade caduca (artigos 298º e 331º CC) e o negócio não poderá ser atacado. Na verdade, se os representantes legais do incapaz não exercerem o direito de anulação (deixando passar o prazo) ou, então, confirmarem o negócio, de acordo com o artigo 125º, nº 2, e 288º CC, este torna-se válido.

d) O contrato de compra e venda será em princípio válido, uma vez que Luciana é maior de idade e dispõe de capacidade de exercício de direitos, o que decorre do artigo 130º CC. O facto de Luciana sofrer de graves deficiências auditivas só constituirá fundamento para uma eventual medida de acompanhamento no caso da deficiência a impossibilitar de exercer plena e pessoalmente os seus direitos ou cumprir os seus deveres.
e) O Sr. Andrade não é obrigado a entregar a televisão, pois goza de um direito de retenção sobre o televisor, na medida em que Luciana não cumpriu a obrigação a que estava adstrita. Este direito de retenção configura uma garantia especial real das obrigações e está previsto no artigo 754º CC.

CASO Nº 53
INCAPACIDADE DE EXERCÍCIO DE DIREITOS | DOLO DO MENOR

a) André é menor e carece de capacidade de exercício de direitos, nos termos do disposto nos artigos 122º e 123º CC. O negócio jurídico seria, em princípio, anulável, no pressuposto de que que não está abrangido por qualquer das alíneas do artigo 127º CC. Com efeito, poderia equacionar-se a validade do negócio ao abrigo da alínea b) desta norma, previsão que depende de uma análise casuística. Considerando, porém, o negócio anulável, ainda assim não é permitido a André invocar tal invalidade por força do disposto no artigo 126º CC. A lei veda ao menor o direito a arguir a invalidade, sempre que este use de dolo com o fim de se fazer passar por maior.
b) A questão reside em saber se a proibição prevista no artigo 126º CC se estende aos representantes legais do menor, tema que divide a doutrina. Para uns, o instituto da menoridade visa proteger o incapaz mesmo em situações como a presente, em que este usa dolo, pelo que sustentam uma interpretação literal da norma. Assim, apenas é vedado ao menor a arguição da anulabilidade, mas já não aos seus representantes legais. Para outros, a preclusão do direito a invocar a anulabilidade estende-se aos próprios representantes legais, protegendo-se neste caso a contraparte.

CASO Nº 54
INCAPACIDADE DE EXERCÍCIO DE DIREITOS | MENORIDADE | CONFIRMAÇÃO

Ana é menor e não tem capacidade de exercício de direitos, condição que decorre dos artigos 122º e 123º CC. O negócio jurídico não está abrangido pelas situações previstas no artigo 127º CC, pelo que está ferido de anulabilidade. Contudo, a anulabilidade é sanável quer pelo decurso do tempo, em caso de caducidade do direito à arguição da anulabilidade (287º, nº 1 CC), quer pela confirmação (artigo 288º CC). A confirmação compete ao titular do direito à anulação e pode ser expressa ou tácita. Ana já atingiu a maioridade, pelo que lhe cabe o direito de anular o negócio (artigo 125º, nº 1, b) CC), tendo, igualmente, legitimidade para o confirmar, como fez tacitamente com o pagamento da prestação (artigos 125º, nº 2 e 217º, nº 1 CC).

CASO Nº 55
REGIME JURÍDICO DO MAIOR ACOMPANHADO

a) Milene é maior e, em virtude da anomalia psíquica, encontra-se impossibilitada de exercer plena, pessoal e conscientemente os seus direitos ou de cumprir os seus deveres, circunstancialismo que justifica a decisão de acompanhamento (art. 138º CC). Murilo foi designado acompanhante, exercendo a representação legal. Neste contexto, Milene sofre de uma incapacidade geral de exercício de direitos, gozando, em princípio, dos direitos pessoais previstos no art. 147º CC. Assiste-lhe, ainda, a possibilidade de celebrar livremente negócios da sua vida corrente, isto é, que estejam ao alcance da sua capacidade natural, por força do mesmo artigo.
b) Sim, nos termos do artigo 145º, nº 4 CC: "a representação legal segue o regime da tutela, com as adaptações necessárias, podendo o tribunal dispensar a constituição do conselho de família".
c) Em princípio, e de acordo com o art. 147º CC, o direito a casar é um direito pessoal, que assiste ao acompanhado. A lei permite, contudo, desvios à regra geral, mediante decisão judicial em contrário, caso em que o acompanhado sofre de incapacidade de gozo para casar, nos termos do art. 1601º, b) CC.
d) A exoneração do acompanhamento está prevista no artigo 144º CC. Esta seria deferida caso o fundamento invocado por Murilo constituísse causa de escusa, nos termos do artigo 1934º CC; poderá ainda pedir a sua substituição ao fim de cinco anos, por força do art. 144º, nº 3 CC.

CASO Nº 56
REGIME JURÍDICO DO MAIOR ACOMPANHADO

Pompeu é maior e, em virtude de idade avançada, beneficia de acompanhamento, nos termos do disposto nos artigos 138º e seguintes CC. O acompanhamento limita-se ao necessário (art. 145º, nº 1, CC) tendo o tribunal decidido que Pompeu pode praticar atos de disposição, carecendo de autorização prévia do acompanhante (art. 145º, d) CC).

O contrato de compra e venda do iate celebrado por Pompeu envolve a disposição de um bem e não foi precedido de autorização do acompanhante, pelo que é anulável, nos termos do art. 154º, nº 1, a) CC.

O testamento é um negócio jurídico que corresponde ao exercício de um direito pessoal e livre, de acordo com o art. 147º CC. A regra no regime do acompanhamento é a da liberdade de testar, salvo decisão judicial em contrário (artigo 2189º, b) CC).

Sempre que a disposição de bens esteja abrangida pelas medidas de acompanhamento, a lei sujeita a autorização judicial prévia e específica, os atos de disposição de bens imóveis (art. 145º, nº 3). Assim, e no que respeita ao terreno rústico, por se tratar de um bem imóvel (art. 204º, nº 1, a) CC) não podia ser vendido sem autorização judicial, o que determina a nulidade da venda, nos termos dos art. 145º, nº 3 e 294º CC.

CASO Nº 57
REGIME JURÍDICO DO MAIOR ACOMPANHADO

Bartolomeu é maior e está impossibilitado, em razão da deficiência que passou a padecer, de exercer pessoal e conscientemente os seus direitos e cumprir os seus deveres, pelo que se justifica plenamente que beneficie de medidas de acompanhamento (art. 138º CC).

O acompanhamento é decidido pelo tribunal (art. 139º) e é requerido pelo próprio, maior beneficiário, pelo Ministério Público ou por uma das pessoas indicadas no artigo 141º, nº 1, CC, neste caso mediante autorização prévia do maior. O acompanhamento foi requerido por Bianca, cônjuge de Bartolomeu, a qual tem assim legitimidade para o fazer, mas carece da autorização deste. Contudo, o nº 3 daquele artigo permite que o pedido de suprimento da autorização do beneficiário possa ser cumulado com o pedido de acompanhamento. E de acordo com o previsto no nº 2 da referida norma, o tribunal pode suprir a autorização do beneficiário, quando este não a possa livre e conscientemente dar, como é o caso de Bartolomeu.

Estamos perante um novo modelo de intervenção, em que existe uma inversão de paradigma, um regime que pretende ser mais flexível, com maior respeito pela autonomia da pessoa. Daí que o acompanhamento se limite ao necessário, de acordo com o nº 1 do artº 145º CC.

A doação de Bartolomeu à sua empregada doméstica é anulável, por força do artigo 154º, nº 1, b) CC, que refere que os atos praticados pelo maior acompanhado que não observem as medidas de acompanhamento decretadas são anuláveis "quando praticados depois de anunciado o início do processo, mas apenas após a decisão final e caso se mostrem prejudiciais ao acompanhado". A doação é um ato que causou prejuízo ao maior acompanhado (contrato gratuito), foi celebrado depois de anunciado o início do processo e o acompanhamento veio a ser decretado.

Bianca, acompanhante e representante legal do maior acompanhado, poderá propor a ação de anulação, a fim de obter a restituição do relógio. O prazo de um ano apenas começa a contar a partir do registo da sentença, por força dos artigos 154º, nº 2 e 125º, nº 1, a) CC. A eliminação dos institutos da interdição e inabilitação foi acompanhada da eliminação da equiparação do maior incapaz a menor. Desapareceu a remissão expressa para o art. 125º, pelo que a sua aplicação poderá justificar-se por via analógica (caso se entenda que existe uma lacuna) ou por via de remissão legal implícita (pela aplicação conjugada dos artigos 145º, nº 2, b), 145º, nº 4 e 1935º CC). Doutra forma, a aplicar o regime geral da anulabilidade (art. 287º CC), o prazo de um ano contar-se-ia a partir da cessação do vício que lhe serve de fundamento, e o vício cessa quando as circunstâncias que motivaram o acompanhamento desapareçam (o que no caso concreto não acontecerá).

CASO Nº 58
REGIME JURÍDICO DO MAIOR ACOMPANHADO

Ana Maria é maior e está impossibilitada, em razão da deficiência que passou a padecer, de exercer pessoal e conscientemente os seus direitos e cumprir os seus deveres, pelo que se justifica plenamente que beneficie de medidas de acompanhamento (art. 138º CC).

O acompanhamento é decidido pelo tribunal (art. 139º) e é requerido pelo próprio, maior beneficiário, pelo Ministério Público ou por uma das pessoas indicadas no artigo 141º, nº 1, neste caso mediante autorização prévia do maior.

O acompanhamento foi requerido por Bruno, descendente de Ana Maria, o qual tem legitimidade para o fazer, mas carece da autorização desta. A lei prevê, porém, a possibilidade de acumular o pedido de acompanhamento com a dispensa de autorização do próprio (art. 141º, nº 3). E de acordo com o previsto no nº 2 da referida norma, o tribunal pode suprir a autorização do beneficiário quando este não a possa livre e conscientemente dar, como é o caso de Ana Maria.

Esta doou o quadro após a propositura da ação de acompanhamento, mas antes da sua publicidade. Aos negócios jurídicos celebrados antes do anúncio do início do processo aplica-se o regime jurídico da incapacidade acidental, previsto no artigo 257º CC *ex vi* artigo 154º, nº 3 CC. A declaração negocial é anulável caso se prove que Ana Maria não entendeu o sentido da sua declaração no momento da doação e que o facto era notório ou conhecido da sua irmã, donatária, nos termos do artigo 257º, nº 1, CC. De acordo com o nº 2 do artigo 257º CC, o facto é notório quando uma pessoa de normal diligência o teria podido notar. Ana Maria padece de anomalia psíquica profunda e o negócio jurídico foi celebrado com um parente, pelo que é verosímil que consiga fazer prova dos pressupostos do artigo 257º, nº 1, CC. Anulado o negócio jurídico, a irmã de Ana Maria é obrigada a restituir o quadro, nos termos do disposto no artigo 289º, nº 1, CC.

Se vier a ser decretado o acompanhamento e Bruno for designado acompanhante, no regime de representação legal, poderá propor a ação de anulação, a fim de obter a restituição do quadro. O prazo de um ano apenas começa a contar a partir do registo da sentença, por força dos artigos 154º, nº 2 e 125º, nº 1, a) CC. A eliminação dos institutos da interdição e inabilitação foi acompanhada da eliminação da equiparação do maior incapaz a menor. Desapareceu assim a remissão expressa para o art. 125º, pelo que a sua aplicação poderá justificar-se por via analógica (caso se entenda que existe uma lacuna) ou por via de remissão legal implícita (pela aplicação conjugada dos artigos 145º, nº 2, b), 145º, nº 4 e 1935º CC). Doutra forma, a aplicar o regime geral da anulabilidade (art. 287º CC), o prazo de um ano contar-se-ia a partir da cessação do vício que lhe serve de fundamento, e o vício cessa quando as circunstâncias que motivaram o acompanhamento desapareçam (o que no caso concreto não acontecerá).

CASO Nº 59
REGIME JURÍDICO DO MAIOR ACOMPANHADO

a) O regime jurídico do maior acompanhado dá primazia à vontade do próprio maior. Assim, a legitimidade para requerer assiste ao maior ou a uma das pessoas indicadas no artigo 141º, nº 1, CC, mediante autorização deste, ou independentemente de autorização, ao Ministério Público. Assim, Berenice não tinha legitimidade para requerer o acompanhamento de Aurélio sem a sua autorização. Contudo, esta poderia pedir ao tribunal o suprimento da autorização do beneficiário nos termos do artigo 141º, nº 3 CC. O tribunal só pode decidir o acompanhamento após audição pessoal e direta do beneficiário, não podendo este ser ouvido por videoconferência ou por escrito (art. 139º).

b) O acompanhante deve ser maior e no pleno exercício dos seus direitos e é escolhido pelo acompanhado, sendo designado judicialmente (art. 143º, nº 1, CC). Nos termos do disposto no nº 2 do artigo 143º, "na falta de escolha, o acompanhamento é deferido, no respetivo processo, à pessoa cuja designação melhor salvaguarde o interesse imperioso do beneficiário, designadamente às pessoas aí indicadas."

c) O negócio jurídico em causa, a prestação de serviço de limpeza da humidade da garagem e sua pintura, constitui um ato de administração e não uma disposição de bens. O negócio visa a conservação da garagem, pelo que assistia a Aurélio o direito a celebrar o negócio, sem necessidade de autorização prévia.

d) Aurélio poderá denunciar o contrato de trabalho e mudar de emprego, nos termos do disposto no artigo 147º CC.

CASO Nº 60
REGIME JURÍDICO DO MAIOR ACOMPANHADO

A lei prevê expressamente no nº 1 do artigo 156º CC a possibilidade de o maior prevenir uma eventual necessidade de acompanhamento e celebrar um mandato para a gestão dos seus interesses, com ou sem poderes de representação.

Nos termos do disposto no nº 3 do referido artigo "No momento em que é decretado o acompanhamento, o tribunal aproveita o mandato, no todo ou em parte, e tem-no em conta na definição do âmbito da proteção e na designação do acompanhante." Assim, o regime do maior acompanhado visa respeitar, dentro dos limites legais e no interesse do próprio beneficiário, a autonomia da vontade deste. Podia assim o tribunal atender ao contrato de mandato e respeitar a vontade de Abel designando como seu acompanhante Platão, se o considerar pessoa idónea nos termos conjugados dos artigos 156º, nº 3 e 143º, nº 2, al. i). Aliás, decorre da lei que o tribunal deve fazer prevalecer a vontade do maior e apenas fazer cessar o mandato quando seja razoável presumir que a vontade do mandante seria a de o revogar. Acresce que o acompanhamento se limita ao necessário (art. 145º, nº 1, CC); assim, o tribunal decidirá, em função de cada caso, o período que julgar mais adequado. Nos termos do disposto no artigo 155º CC "O tribunal revê as medidas de acompanhamento em vigor de acordo com a periodicidade que constar da sentença e, no mínimo, de cinco em cinco anos".

CASO Nº 61
REGIME JURÍDICO DO MAIOR ACOMPANHADO | DIREITO SUBJETIVO | DIREITOS DE PERSONALIDADE

a) Todo aquele que, "por razões de saúde, deficiência" ou, como refere expressamente o legislador, "pelo seu comportamento" (é o caso) se mostre impossibilitado de exercer de forma plena, pessoal e conscientemente, os seus direitos ou de cumprir os seus deveres, poderá beneficiar das medidas de acompanhamento previstas no Código Civil, conforme refere o art. 138º CC.

b) De acordo com o nº 1 do art. 141º CC, "o acompanhamento é requerido pelo próprio ou, mediante autorização deste, pelo cônjuge, pelo unido de facto, por qualquer parente sucessível ou, independentemente de autorização, pelo Ministério Público". Se bem que o tribunal possa suprir a autorização do beneficiário nas situações previstas no nº 2 do mesmo artigo e, ainda, seja possível cumular o pedido de suprimento da autorização do beneficiário com o pedido de acompanhamento.

c) Não, pois estamos perante um direito potestativo, em que os seus efeitos se produzem independentemente da vontade da outra parte, extinguindo, neste caso, a relação jurídica existente entre as partes.

d) Sansão violou o direito à imagem de Dalila, um direito de personalidade consagrado no artigo 79º, nº 1 CC, uma vez que precisaria do consentimento de Dalila para a publicação da fotografia. Apesar da fotografia se enquadrar num lugar público, nunca poderia ser reproduzida, pelo facto de resultar prejuízo para a honra e decoro de Dalila (artigo 79º, nºs 2 e 3).

e) De acordo com o artigo 70º, nº 2 CC, Dalila poderá intentar uma ação de responsabilidade civil extracontratual por factos ilícitos contra Sansão; podendo, ainda, "requerer as providências adequadas às circunstâncias do caso" (poderá, por exemplo, solicitar a apreensão ou a destruição das imagens obtidas).

CASO Nº 62
NEGÓCIO USURÁRIO | INVALIDADE DO NEGÓCIO JURÍDICO | PRESCRIÇÃO E CADUCIDADE

Aproveitando-se da provecta idade do Senhor Humberto, Bártolo obteve uma vantagem injustificada com o contrato. Assim, o negócio jurídico é anulável por usura, nos termos do disposto no artigo 282º, nº 1 CC. Humberto tinha legitimidade para arguir a anulabilidade e intentou a ação tempestivamente. De facto, o senhorio só tomou conhecimento do vício, a usura, em agosto de 2017 quando foi esclarecido pelo seu filho, e intentou a ação 5 meses depois, logo dentro do prazo estabelecido no artigo 287º, nº 1 CC. Acresce que se trata de um negócio de execução continuada, pelo que na vigência do contrato a anulabilidade podia ser arguida sem dependência de prazo, atento o disposto no artigo 287º, nº 2 CC. Desta forma, o direito de Humberto não se encontrava extinto pelo decurso do tempo. Por último, ao prazo estabelecido no artigo 287º, nº 1 CC aplicam-se as regras da caducidade, atento o critério estabelecido pelo legislador no artigo 298º, nº 2 CC.

CASO Nº 63
INCAPACIDADE ACIDENTAL

a) Estamos perante um negócio anulável, por força do artigo 257º, nº 1 CC, uma vez que Salvador se encontrava acidentalmente incapacitado de entender o sentido da sua declaração negocial e esse facto seria notório para o declaratário. Mais se acrescenta que o nº 2 do aludido artigo refere que "um facto é notório quando uma pessoa de normal diligência o teria podido notar", o que nos parece ser este o caso.

b) O prazo para arguir a anulabilidade é "só dentro do ano subsequente à cessação do vício que lhe serve de fundamento", conforme dita o artigo 287º, nº 1 CC. O direito para intentar a ação de anulação já caducou pelo decurso do prazo previsto no artigo 287º, nº 1. Acresce que a caducidade é de conhecimento oficioso nos termos do disposto no artigo 333º CC.

CASO Nº 64
DIREITO PÚBLICO E DIREITO PRIVADO | FACTO JURÍDICO | FORMA DO CONTRATO

a) As duas situações enquadram-se no âmbito do Direito Privado, de acordo com o critério da posição dos sujeitos. No caso I estamos perante dois particulares; por sua vez, no caso II, a Câmara Municipal do Porto atua como um particular, já que não está investida do seu poder de soberania, o chamado *Ius Imperium,* pelo que estamos perante uma relação jurídica privada.

b) I. Contrato de compra e venda;
II. Contrato de arrendamento.

c) O contrato de compra e venda de um bem imóvel pode ser celebrado por documento autêntico – escritura pública; pode ainda ser celebrado por documento particular, mas terá que ser autenticado, de acordo com o artigo 875º CC. Estamos, assim, perante um contrato solene ou formal.

CASO Nº 65
ATO JURÍDICO | DOMICÍLIO

O ato jurídico produz os seus efeitos por força da lei e independentemente da vontade do agente, embora possa existir coincidência entre os efeitos produzidos *ex lege* e a vontade deste. A residência de Vítor no Porto e a casa de fim de semana em Viana do Castelo correspondem ambas ao domicílio voluntário geral previsto no artigo 82º, nº 1 CC. Nos termos da referida norma, se a pessoa residir alternadamente em diferentes locais, tem-se por domiciliada em qualquer deles. Os escritórios que Vítor instalou em Matosinhos e em Viana do Castelo correspondem a domicílios profissionais, nos termos do disposto no artigo 83º CC. Por último, no contrato de compra e venda do automóvel em que ficou estipulado por escrito como domicílio do negócio o local do escritório de Vítor em Matosinhos, estamos perante um domicílio eletivo, nos termos do disposto no artigo 84º CC.

CASO Nº 66
FORMAÇÃO E CONCLUSÃO DO NEGÓCIO JURÍDICO | MODALIDADES DA DECLARAÇÃO NEGOCIAL

O negócio jurídico em causa é uma compra e venda de coisa móvel, previsto no artigo 874º CC. O contrato integra duas declarações de vontade: a proposta e a aceitação. O legislador não define contrato no atual Código Civil, mas clarifica no artigo 232º CC que "o contrato não fica concluído enquanto as partes não houverem acordado em todas as cláusulas sobre as quais qualquer delas tenha julgado necessário o acordo." Para o contrato ficar concluído são necessárias uma proposta e uma aceitação eficazes e o acordo de vontades, isto é, o consenso. O pôr à disposição de pessoas indeterminadas, certos bens com um preço determinado, constitui uma proposta contratual. Mário aceitou tacitamente a proposta quando colocou o dinheiro na máquina e selecionou a bebida pretendida (artigos 217º, nº 1 e 224º, nº 1 CC). Concluído o contrato de compra e venda, e vigorando o princípio da liberdade de forma (artigo 219º CC), deve o mesmo ser cumprido (artigo 406º CC). A avaria da máquina pela retenção da moeda e não prestação da bebida constitui incumprimento do contrato, pela violação da obrigação de entregar a coisa (artigo 879º, c) CC).

CASO Nº 67
FORMAÇÃO E CONCLUSÃO DO NEGÓCIO JURÍDICO | CONVITE A CONTRATAR | PERFEIÇÃO DA DECLARAÇÃO NEGOCIAL

a) O negócio jurídico em causa é uma compra e venda de coisa móvel, previsto no artigo 874º CC. O contrato integra duas declarações de vontade: a proposta e a aceitação. O legislador não define contrato no atual

Código Civil, mas clarifica no artigo 232º CC que "o contrato não fica concluído enquanto as partes não houverem acordado em todas as cláusulas sobre as quais qualquer delas tenha julgado necessário o acordo." Para o contrato ficar concluído são necessárias uma proposta e uma aceitação eficazes e o acordo de vontades, isto é, o consenso. A exposição da cómoda pelo antiquário constitui um convite a contratar e não uma proposta contratual. O bem pode estar reservado, o vendedor pode escolher entre vários interessados, duvidar da capacidade financeira do eventual comprador, pelo que a exibição do bem com um preço não constitui uma declaração de vontade de venda, mas uma situação em que o vendedor espera que alguém proponha comprar. A declaração de Andreia que pretende adquirir o móvel por € 4.000,00 constitui uma proposta contratual de compra.

A proposta é uma declaração negocial expressa, que assume a forma verbal e é uma declaração recetícia, destinada ao Sr. Gomes, nos termos do disposto no artigo 217º, 1ª parte do artigo 224º, nº 1, e artigo 219º CC. Depois de recebida pelo Sr. Gomes a proposta torna-se irrevogável, nos termos do disposto no artigo 230º CC, e dura até ao dia 21 de janeiro, por força do acordo entre proponente e declaratário (artigo 228º, nº 1, a) CC). Findo o prazo da duração da proposta, se esta não for aceite caduca. Se pelo contrário, for aceite dentro do prazo, o contrato fica concluído. A mensagem telefónica do Sr. Gomes constitui uma aceitação expressa e tempestiva da proposta, pelo que ficou concluído o contrato de compra e venda do móvel pelo preço de € 4.000,00. A declaração negocial de aceitação é recetícia e chegou ao poder da destinatária dentro do prazo, ainda que esta tivesse tomado conhecimento da mesma após o dia 21 de janeiro, atento o disposto no artigo 224º, nº 1 CC.

b) Neste caso a proposta já teria caducado. A aceitação foi fora de prazo e não há acordo de vontades, nos termos dos artigos 228º, nº 1, a) e 232º CC.

c) A entrega do móvel pelo Sr. Gomes constitui uma aceitação tácita e tempestiva da proposta, pelo que ficou concluído o contrato de compra e venda, pelo valor de € 4.000,00. A declaração negocial de aceitação é recetícia e chegou ao poder do destinatário dentro do prazo, atento o disposto no artigo 224º, nº 1 CC.

CASO Nº 68
FORMAÇÃO E CONCLUSÃO DO NEGÓCIO JURÍDICO | SILÊNCIO COMO MEIO DECLARATIVO

a) O negócio jurídico em causa é uma prestação de serviço, previsto no artigo 1154º CC. O contrato integra duas declarações de vontade: a proposta e a aceitação. O legislador não define contrato no atual Código Civil, mas clarifica no artigo 232º CC que "o contrato não fica concluído enquanto as partes não houverem acordado em todas as cláusulas sobre as quais qualquer delas tenha julgado necessário o acordo." Para o contrato ficar concluído são necessárias uma proposta e uma aceitação eficazes e o acordo de vontades, isto é, o consenso. A informação do preço da deslocação e o relatório da avaria, acompanhado do orçamento para eventual reparação, constitui uma proposta contratual. Com a marcação da deslocação do técnico, por telefone, Almerinda aceita a proposta.
A proposta é uma declaração negocial expressa, que assume a forma verbal e é uma declaração recetícia, destinada a Almerinda, nos termos do disposto nos artigos 217º, 224º, nº 1, 1ª parte e 219º CC. A declaração de Almerinda constitui uma aceitação expressa e tempestiva da proposta, nos termos do disposto no artigo 228º, nº 1, b) CC, pelo que ficou concluído o contrato, nos termos conjugados dos artigos 232º, 1154º e 219º CC. Concluído o contrato, deve o mesmo ser cumprido nos termos do artigo 406º CC, pelo que Almerinda está constituída na obrigação de pagar a fatura.

b) O contrato de prestação de serviço agora em causa tem por objeto a reparação da caldeira. A proposta contratual foi enviada por *e-mail* e chegou ao poder do destinatário, Almerinda. Trata-se de uma declaração expressa, por escrito e recetícia, que se tornou eficaz com a chegada ao poder de Almerinda. Sucede que não houve aceitação da proposta, pois o silêncio não tem valor como meio declarativo (artigo 218º CC).

CASO Nº 69
CLASSIFICAÇÃO E EFICÁCIA DO NEGÓCIO JURÍDICO

a) Estamos perante um negócio jurídico bilateral ou contrato típico de compra e venda, previsto no art. 874º CC. A lei define a compra e venda como "o contrato pelo qual se transmite a propriedade de uma coisa, ou outro direito, mediante um preço". No caso concreto, o objeto do contrato é um animal, nos termos do art. 201º-B CC, nova categoria legal "Dos animais", à qual se aplica as disposições sobre as coisas, desde que não sejam incompatíveis com a sua natureza (art. 202º CC). Trata-se de um negócio jurídico entre vivos, por se destinar a produzir efeitos em vida das partes; e consensual, já que vigora o princípio da liberdade de forma (art. 219º CC). O negócio é de natureza patrimonial e oneroso, por envolver atribuições patrimoniais para ambas as partes (entrega da coisa e pagamento do preço).

b) Os negócios jurídicos podem ter eficácia plena ou limitada. Nos termos do disposto no artigo 879º CC constituem efeitos essenciais da compra e venda: a) a transmissão da propriedade da coisa ou da titularidade do direito; b) a obrigação de entregar a coisa; c) a obrigação de pagar o preço. E nos termos do disposto no artigo 408º CC, a constituição ou transferência de direitos reais sobre coisa determinada dá-se por mero efeito do contrato, salvas as exceções previstas na lei. No caso concreto, o contrato não produziu todos os efeitos típicos no momento da celebração, em virtude da cláusula de reserva de propriedade aposta no contrato (condição suspensiva). Com efeito, nos termos do artigo 409º CC, "nos contratos de alienação é lícito ao alienante reservar para si a propriedade da coisa até ao cumprimento total ou parcial das obrigações da outra parte ou até à verificação de qualquer outro evento". As partes convencionaram que o efeito real do contrato de compra e venda, *in casu* a transmissão do direito de propriedade sobre o cavalo, só ocorrerá com o integral pagamento do preço.

CASO Nº 70
DIVERGÊNCIA INTENCIONAL ENTRE A VONTADE E A DECLARAÇÃO | SIMULAÇÃO ABSOLUTA

O contrato de comodato encontra-se previsto no artigo 1129º CC, vigorando o princípio da liberdade de forma, previsto no artigo 219º CC. No caso concreto, há uma divergência intencional entre a vontade declarada por Amadeu e Bárbara e a vontade real; e existe um acordo entre as partes com o intuito de enganar terceiros, os credores de Amadeu. Assim, o contrato de comodato é nulo por simulação absoluta, nos termos do disposto no artigo 240º CC. O negócio é meramente aparente, pois as partes não o pretendem celebrar e existe conluio, visando enganar terceiros. A nulidade do negócio simulado segue o regime geral expresso no artigo 286º CC, com as especificidades previstas nos artigos 242º e 243º CC.

CASO Nº 71
DIVERGÊNCIA INTENCIONAL ENTRE A VONTADE E A DECLARAÇÃO | SIMULAÇÃO RELATIVA SUBJETIVA

No caso vertente estão em causa dois contratos de compra e venda, sucessivos, sobre o mesmo imóvel. O contrato de compra e venda está previsto nos artigos 874º e seguintes CC. O primeiro contrato é celebrado entre David, proprietário e vendedor do imóvel, e Ernesto, o comprador. O segundo contrato é celebrado entre Ernesto, que aqui já intervém como proprietário-vendedor e Carlos, filho de David, que intervém como comprador.

O Ernesto atua como interposta pessoa e é apenas uma parte simulada no negócio jurídico que verdadeiramente se pretende celebrar entre David e Carlos. Estamos perante um caso de simulação relativa subjetiva.

David pretende vender a Carlos seu filho, sem o consentimento de Marco, contornando a disposição do artigo 877º, nº 1 CC. Para tanto e por acordo (simulatório) entre as verdadeiras partes do negócio, David e Carlos, e a parte simulada, Ernesto, o negócio pretendido, o negócio dissimulado, é celebrado por intermédio deste último.

O primeiro contrato de compra e venda, celebrado entre David e o interposto, é nulo por ser simulado, nos termos do artigo 240º CC. O segundo contrato celebrado entre a parte simulada, Ernesto, e David é igualmente nulo por simulação, nos termos do disposto no artigo 240º CC. Ao negócio dissimulado, isto é, o que as partes quiseram efetivamente realizar, *in casu* a compra e venda entre David e Carlos, seu filho, é aplicável o regime que lhe corresponderia caso fosse concluído sem dissimulação, solução que resulta da norma contida no artigo 241º CC. No caso concreto seria anulável nos termos do artigo 877º, nº 2 CC.

CASO Nº 72
DIVERGÊNCIA INTENCIONAL ENTRE A VONTADE E A DECLARAÇÃO | SIMULAÇÃO RELATIVA OBJETIVA

Neste caso está em causa um contrato de compra e venda de imóvel, previsto nos artigos 874º e seguintes CC, celebrado com simulação sobre o valor do negócio. O acordo simulatório entre Guilherme e Hugo incide sobre o preço, com o intuito de enganar um terceiro, Andreia, que é titular de direito de preferência sobre o imóvel. A compra e venda pelo valor que ultrapassa os € 150.000,00 é um negócio simulado e, consequentemente, nulo, nos termos do disposto no artigo 240º CC. No caso concreto há uma divergência intencional entre a vontade declarada por Guilherme e Bruno e a vontade real destes, e existe um acordo simulatório entre as partes com o intuito de enganar terceiros, a Andreia.

O negócio dissimulado corresponde ao negócio real que, no caso concreto, é a compra e venda do imóvel pelo valor de € 150.000,00. Este último será válido por corresponder à vontade das partes e observar a forma legal (artigo 875º CC), atento o disposto no artigo 241º, nºs 1 e 2 CC. Contudo, há violação do direito de preferência de Andreia, pelo que esta poderá arguir a nulidade do negócio simulado, nos termos conjugados do disposto nos artigos 240º, 242º e 286º CC, e reagir contra a violação do direito preferência nos termos legais.

CASO Nº 73
DIVERGÊNCIA INTENCIONAL ENTRE A VONTADE E A DECLARAÇÃO | RESERVA MENTAL

A doação é o contrato pelo qual uma pessoa dispõe, gratuitamente e à custa do seu património, de uma coisa em benefício do outro contraente, contrato previsto nos artigos 940º e seguintes CC. No caso em apreço, a declaração da doadora é feita com reserva mental, pois há uma divergência (intencional) entre a vontade real e a vontade declarada, com o intuito de enganar a outra parte, o declaratário. O engano não envolve necessariamente um prejuízo para a outra parte. É justamente o que sucede no presente caso, em que Ximene engana Alice com o propósito de a proteger. A reserva mental está prevista no artigo 244º, nº 1 CC, e de acordo com o nº 2 desta norma a declaração emitida sob reserva é válida, exceto se for conhecida do declaratário, caso em que tem os efeitos da simulação.

CASO Nº 74
DIVERGÊNCIA INTENCIONAL ENTRE A VONTADE E A DECLARAÇÃO | DECLARAÇÃO NÃO SÉRIA

A declaração emitida não corresponde à vontade real da declarante. Há uma divergência intencional entre a vontade declarada e a vontade real, e a declaração é emitida na expectativa de que a falta de seriedade não passe despercebida. De acordo com o disposto no artigo 245º, nº 1 CC, a declaração não séria carece de qualquer efeito. Porém, de acordo com o disposto no nº 2 do mesmo artigo, se o declaratário for induzido em erro pelas circunstâncias em que a declaração é emitida e justificadamente acreditar na sua seriedade, tem direito a ser indemnizado pelo prejuízo que sofrer.

CASO Nº 75
DIVERGÊNCIA NÃO INTENCIONAL E IGNORADA ENTRE A VONTADE E A DECLARAÇÃO | FALTA DE CONSCIÊNCIA DA DECLARAÇÃO

Joaquim movimenta a cabeça sem consciência de estar a produzir uma declaração negocial. Na verdade, agiu de forma reflexa ou inconsciente e, portanto, sem vontade de emitir uma declaração negocial. Nos termos do disposto no artigo 246º CC, se o declarante não tiver consciência de fazer uma declaração negocial, esta carece de qualquer efeito.

CASO Nº 76
DIVERGÊNCIA FORÇADA ENTRE A VONTADE E A DECLARAÇÃO | COAÇÃO FÍSICA

A declaração de voto de Claudete contra a aquisição proposta foi coagida pela força. Claudete sofreu coação física por parte de Antonieta, sua mãe e, nesta conformidade, a sua declaração carece de efeitos jurídicos, nos termos do disposto no artigo 246º CC. No caso da declaração emitida sob coação física falta uma vontade de ação.

CASO Nº 77
DIVERGÊNCIA NÃO INTENCIONAL E IGNORADA ENTRE A VONTADE E A DECLARAÇÃO | ERRO NA DECLARAÇÃO

Neste caso estamos perante um erro sobre o conteúdo da declaração: há uma divergência, não intencional e ignorada, entre a vontade real e a vontade declarada. De acordo com o disposto no artigo 247º CC "quando, em virtude de erro, a vontade declarada não corresponda à vontade real do autor, a declaração negocial é anulável, desde que o declaratário conhecesse ou não devesse ignorar a essencialidade, para o declarante, do elemento sobre que incidiu o erro". O contrato ficou concluído, mas a compradora, Roberta, poderá pedir a anulação do mesmo, com fundamento em erro na declaração. Verifica-se uma divergência entre a vontade e a declaração, e o elemento sobre que incide o erro tem caráter essencial, pois incide sobre o próprio objeto do contrato.

CASO Nº 78
DIVERGÊNCIA NÃO INTENCIONAL E IGNORADA ENTRE A VONTADE E A DECLARAÇÃO | ERRO DE ESCRITA

A declaração foi emitida por Manuela com um erro de escrita, o que constitui uma subespécie de erro na declaração. O erro de escrita, quando revelado no próprio contexto da declaração ou através das circunstâncias em que a mesma é proferida, dá ao declarante a faculdade de retificar a declaração, conforme o previsto no artigo 249º CC. A declaração emitida nestes termos é por isso válida, não estando em causa a sua nulidade ou anulabilidade, mas tão-somente a sua retificação, o que pode ocorrer a todo o tempo, sem prejuízo de eventuais prazos de prescrição e/ou caducidade. O erro de escrita em que Manuela incorreu é revelado no próprio contexto do documento, pois a relação laboral foi estabelecida com a empresa visada e a comunicação foi enviada para a sua sede. Assistia, por isso, a Manuela a faculdade de retificar o erro de escrita constante da comunicação de denúncia e ver produzidos os efeitos por esta pretendidos.

CASO Nº 79
VÍCIO DA VONTADE | ERRO-VÍCIO | ERRO SOBRE A PESSOA

Neste caso a vontade e a declaração coincidem, não existindo uma divergência entre a vontade real e a vontade declarada. O problema reside no processo formativo da vontade, um erro na sua formação, designado por erro-vício ou vício da vontade. Octávio não teria realizado a doação a favor de António se conhecesse a realidade, isto é, que António não é filho do seu amigo. A vontade viciada diverge da vontade que Octávio teria se não fosse a inexatidão sobre a identidade do donatário. O erro que atinja os motivos determinantes da vontade e incida sobre a pessoa do declaratário torna o negócio anulável, nos termos artigo 247º CC aplicável *ex vi* artigo 251º CC. O fundamento para a anulação do negócio jurídico resulta do artigo 251º CC e os requisitos para a referida anulação são os estabelecidos na 2ª parte do artigo 247º CC.

CASO Nº 80
VÍCIO DA VONTADE | ERRO-VÍCIO | ERRO SOBRE OS MOTIVOS

A comunicação camarária da intenção de expropriação do prédio para instalação de um parque de campismo constitui a circunstância com base na qual Carlos veio a celebrar o contrato de compra e venda. Esta circunstância foi determinante na vontade de Carlos em vender o prédio, e foi com base na futura instalação do parque de campismo que ambas as partes contrataram. Neste caso, não há uma divergência entre a vontade real e a vontade declarada, tratando-se de um caso de vício da vontade. A própria vontade está viciada, pois em consequência de um erro, aquela ficou malformada. O erro incide sobre os motivos, isto é, a causa do negócio, pois a vontade de Carlos teria sido outra, se o prédio que vendeu não fosse passível de expropriação e fosse destinado a revenda para construção.

De acordo com o disposto no artigo 252º, nº 1 CC, o erro que recaia sobre os motivos só torna o negócio anulável, se as partes houverem acordado na essencialidade do motivo. Assim, o erro sobre os motivos, que não se refira à pessoa do declaratário ou ao objeto do negócio, é, em princípio, juridicamente irrelevante. Para que este tipo de erro constitua causa de anulação é necessário que as partes tenham acordado sobre a essencialidade do motivo. A doutrina fala em acordo expresso ou tácito sobre a essencialidade do motivo, acordo que pode constituir um negócio jurídico autónomo do negócio jurídico principal ou integrar este último.

Na hipótese em análise, há uma comunicação escrita sobre o destino do prédio, a expropriação para instalar o parque de campismo, as partes encetaram negociações com base no teor dessa comunicação, e vieram a contratar com base na circunstância que desencadeou o processo negocial. Assim, podemos sustentar a existência de um acordo, ainda que tácito, sobre a essencialidade da causa do negócio, isto é, sobre o motivo determinante da vontade. Nesta conformidade, o negócio será anulável nos termos do artigo 251º, nº 1 CC.

CASO Nº 81
VÍCIO DA VONTADE | DOLO

Entende-se por dolo (*dolus malus*) a sugestão ou artifício que alguém usa com a intenção de induzir em erro o declarante, noção que resulta do nº 1 do artigo 253º CC. O nº 2 do referido artigo versa sobre o designado *dolus bonus*, estabelecendo que não constituem dolo ilícito "as sugestões ou artifícios usuais, considerados legítimos segundo as conceções dominantes no comércio jurídico, nem a dissimulação do erro, quando nenhum dever de elucidar o declarante resulte da lei, de estipulação negocial ou daquelas conceções". O que distingue as duas modalidades de dolo é, portanto, a ilicitude.

Reduzir a quilometragem de um veículo usado ou ocultar tal redução operada por terceiro, não constitui uma sugestão ou artifício usual e que se possa considerar legítima, segundo as conceções dominantes no comércio jurídico.

O vendedor empregou um artifício com o intuito de enganar o comprador que, por esse mesmo motivo, está em erro. No caso do dolo (*dolus malus*) o declarante não só está em erro, como foi enganado, e existe um nexo de causalidade entre o dolo e o engano. O vendedor praticou um dolo ilícito, pois tinha o dever de elucidar o comprador. Os efeitos do dolo encontram-se previstos no artigo 254º CC, e nos termos do disposto no seu nº 1 assistia a Eugénio o direito à anulação do negócio.

CASO Nº 82
VÍCIO DA VONTADE | COAÇÃO MORAL

A coação moral é um vício da vontade que determina a anulabilidade da declaração negocial, nos termos do disposto no artigo 256º CC. De acordo com o artigo 255º, nº 1 CC "diz-se feita sob coação moral a declaração negocial determinada pelo receio de um mal de que o declarante foi ilicitamente ameaçado com o fim de obter dele a declaração." Assim, a coação moral pressupõe três requisitos: que a declaração negocial resulte do receio de um mal, que o declarante tenha sido ilicitamente ameaçado e que a ameaça vise obter dele a declaração. No caso em concreto, Vera emite a declaração com o receio de um mal, o de removerem os bens da sua habitação. Contudo, apenas este requisito está preenchido. No que respeita à ameaça, esta não se verifica, pois a residência de Vera corresponde à sede da sociedade executada, e a agente de execução procedeu à diligência de penhora no exercício das suas funções. No que respeita à ilicitude, e atenta a natureza dos bens, poderia discutir-se se a penhora devia incidir sobre os mesmos. Tratando-se de um televisor, de uma *playstation* e de um sofá, podia colocar-se a questão de não pertencerem à sociedade executada, mas antes à sócia, Vera. Contudo, a Agente de Execução não tinha elementos suficientes que indiciassem que os mesmos pertenciam a Vera, e a penhora incidiu sobre bens existentes na sede da sociedade executada. Por último, a penhora com remoção não foi realizada com o fim de obter a fiança e o acordo de pagamento em prestações. Foi Vera quem manifestou à Agente de Execução a vontade de prestar fiança e celebrar o acordo de pagamento em prestações; pelo que o acordo para pagamento da dívida exequenda não foi celebrado sob coação moral.

Hipóteses

Para cada uma das seguintes situações, escolha a opção correta:

1 – Os seguintes ramos do direito – Direito Penal e Direito das Sociedades Comerciais:

a) São ramos do direito público;
b) São ramos do direito privado;
c) O primeiro pertence ao direito público e o segundo ao direito privado;
d) O primeiro pertence ao direito privado e o segundo ao direito público.

2 – Os seguintes ramos do direito – Direito das Obrigações e Direito da Família:

a) São ramos do direito público;
b) São ramos do direito privado;
c) O primeiro pertence ao direito público e o segundo ao direito privado;
d) O primeiro pertence ao direito privado e o segundo ao direito público.

3 – O artigo 7º, nº 1 do Código das Sociedades Comerciais estatui o seguinte: "O contrato de sociedade deve ser reduzido a escrito e as assinaturas dos seus subscritores devem ser reconhecidas presencialmente, salvo se forma mais solene for exigida para a transmissão dos bens com que os sócios entram para a sociedade, devendo, neste caso, o contrato revestir essa forma, sem prejuízo do disposto em lei especial". Estamos perante uma norma jurídica:

a) Precetiva, excecional, universal e autónoma;
b) Permissiva, excecional, universal e não autónoma;
c) Proibitiva, geral, universal e autónoma;
d) Precetiva, excecional, universal e não autónoma.

4 – O artigo 349º CC consagra o seguinte: "Presunções legais são as ilações que a lei ou o julgador tira de um facto conhecido para firmar um desconhecido". A técnica legislativa utilizada pelo legislador foi:

a) Presunção legal;
b) Remissão legal;
c) Definição legal;
d) Nenhuma das respostas anteriores está correta.

5 – Atente no artigo 761º CC: "O direito de retenção extingue-se pelas mesmas causas por que cessa o direito de hipoteca, e ainda pela entrega da coisa". A técnica legislativa utilizada pelo legislador foi:

a) Presunção legal;
b) Remissão legal;
c) Definição legal;
d) Nenhuma das respostas anteriores está correta.

6 – O artigo 805º, nº 2, c) CC estatui que "Há, porém, mora do devedor, independentemente de interpelação: se o próprio devedor impedir a interpelação, considerando-se interpelado, neste caso, na data em que normalmente o teria sido". A técnica legislativa utilizada pelo legislador foi:

a) Ficção legal;
b) Presunção legal;
c) Remissão legal;
d) Nenhuma das respostas anteriores está correta.

7 – O artigo 1142º CC consagra o seguinte: "Mútuo é o contrato pelo qual uma das partes empresta à outra dinheiro ou outra coisa fungível, ficando a segunda obrigada a restituir outro tanto do mesmo género e qualidade". A técnica legislativa utilizada pelo legislador foi:

a) Presunção legal;
b) Remissão legal;
c) Ficção legal;
d) Nenhuma das respostas anteriores está correta.

8 – Atente no sumário do seguinte acórdão:

Acórdão do Tribunal da Relação de Guimarães de 11-07-2017 (Ausenda Gonçalves)

I – Os bens jurídicos que se visam proteger com a incriminação da condução de veículo em estado de embriaguez são a vida, a integridade física e o património de outrem a par da segurança da circulação rodoviária, estabelecendo o legislador uma presunção fundada na observação empírica de que o exercício da condução em estado de embriaguez é perigoso em si mesmo, tendo em vista os bens jurídicos penalmente tutelados.

In http://www.dgsi.pt

8.1 – A fonte do direito em causa que está em causa é:
a) Doutrina e é uma fonte mediata;
b) Lei e é uma fonte imediata;
c) Jurisprudência e é uma fonte imediata;
d) Nenhuma das respostas anteriores está correta.

8.2 – Suponha que esta decisão é suscetível de recurso. O tribunal de recurso é:
a) O Tribunal de Contas;
b) O Supremo Tribunal Administrativo;
c) O Supremo Tribunal de Justiça;
d) Nenhuma das respostas anteriores está correta.

9 – O Acórdão do Supremo Tribunal de Justiça de 01-06-2017 (Salazar Casanova) refere que "A Relação, não obstante ser a última instância de facto e dispor, por isso, do poder de firmar um facto desconhecido a partir de facto ou factos conhecidos (artigos 349º e 351º do Código Civil) não pode, com base em presunção judicial, considerar provado facto ou factos que, alegados, foram objeto de julgamento que os houve por não provados.". Quanto a esta decisão:
a) O tribunal de recurso é o Tribunal da Relação;
b) O tribunal de recurso é o Tribunal Constitucional;
c) O tribunal de recurso é o Supremo Tribunal de Justiça;
d) Nenhuma das respostas anteriores está correta.

10 – Relativamente a uma sentença da Instância Central, 1ª Secção Cível, do Tribunal Judicial da Comarca do Porto, sendo a decisão suscetível de recurso:
a) O tribunal de recurso é o Tribunal da Relação do Porto;
b) O tribunal de recurso é o Tribunal Constitucional;
c) O tribunal de recurso é o Supremo Tribunal de Justiça;
d) Nenhuma das respostas anteriores está correta.

11 – O Decreto Legislativo Regional nº 19/2017/M, de 27 de junho, procedeu à primeira alteração ao Decreto Legislativo Regional nº 12/2009/M, de 6 de maio, que adapta à Região Autónoma da Madeira o Decreto-Lei nº 39/2008, de 7 de março, que estabelece o regime jurídico da instalação, exploração e funcionamento dos empreendimentos turísticos. Este Decreto Legislativo Regional é:

a) Uma fonte do direito imediata;
b) Uma fonte do direito mediata;
c) Não é fonte do direito;
d) Pode ser uma fonte do direito imediata ou mediata.

12 – Atente na Lei nº 60/2017, de 1 de agosto, que procedeu à primeira alteração à Lei nº 90/2001, de 20 de agosto, que define medidas de apoio social às mães e pais estudantes.

Artigo 1º

Objeto

A presente lei procede à primeira alteração à Lei nº 90/2001, de 20 de agosto, que define medidas de apoio social às mães e pais estudantes.

Artigo 2º

Alteração à Lei nº 90/2001, de 20 de agosto

O artigo 3º da Lei nº 90/2001, de 20 de agosto, passa a ter a seguinte redação:

(...)

Artigo 3º

Aditamento à Lei nº 90/2001, de 20 de agosto

É aditado à Lei nº 90/2001, de 20 de agosto, o artigo 4º-A, com a seguinte redação:

(...)

Artigo 4º

Entrada em vigor

A presente lei entra em vigor no dia seguinte ao da sua publicação.

Aprovada em 9 de junho de 2017.
O Presidente da Assembleia da República, Eduardo Ferro Rodrigues.
Promulgada em 20 de julho de 2017.
Publique-se.
O Presidente da República, Marcelo Rebelo de Sousa.
Referendada em 24 de julho de 2017.
O Primeiro-Ministro, António Luís Santos da Costa.

12.1 – A Lei nº 60/2017, de 1 de agosto:
a) Entrou em vigor no dia 6 de agosto;
b) Entrou em vigor no dia 2 de agosto;
c) Entrou em vigor no dia 7 de agosto;
d) Nenhuma das respostas anteriores está correta.

12.2 – A Lei nº 60/2017, de 1 de agosto:
a) Revogou parcial e expressamente a Lei nº 90/2001, de 20 de agosto;
b) Revogou parcial e tacitamente a Lei nº 90/2001, de 20 de agosto;
c) Revogou total e expressamente a Lei nº 90/2001, de 20 de agosto;
d) Nenhuma das respostas anteriores está correta.

13 – Se o legislador nada disser sobre a data da entrada em vigor da Portaria Y/2017, de 26 de agosto, do Ministério da Saúde, esta entrou em vigor no Continente e nas Regiões Autónomas:
a) No dia 1 de setembro;
b) No dia 31 de agosto;
c) No dia 31 de agosto e no dia 10 de setembro, respetivamente;
d) Nenhuma das respostas anteriores está correta.

14 – A Resolução do Conselho de Ministros nº 76/2017, de 5 de junho, procedeu à criação do livro de obra eletrónico e à extinção da Ficha Técnica de Habitação. Poderá ser revogada:
a) Por uma portaria do Ministério da Justiça;
b) Por um despacho do Ministério das Finanças;
c) Por uma postura da Câmara Municipal de Bragança;
d) Nenhuma das respostas anteriores está correta.

15 – A Portaria nº 216/2017, de 20 de julho, dos Ministérios das Finanças e Trabalho, Solidariedade e Segurança Social, estabeleceu a atualização extraordinária do preço dos contratos de aquisição de serviços com duração plurianual. Esta portaria poderá ser revogada:
a) Apenas por uma outra portaria;
b) Por um decreto-lei;
c) Por uma postura;
d) Por um despacho.

16 – Suponha que a Lei nº Y/2017, de 26 de maio, estipulou no artigo 2º que "esta lei aplica-se a todos os trabalhadores com vínculo de emprego público".

O intérprete chegou à conclusão que o legislador pretendia dizer "trabalhadores com vínculo de emprego público com mais de 10 anos de serviço".

a) O legislador disse menos do que pretendia dizer; logo, o intérprete fez uma interpretação restritiva;
b) O legislador disse menos do que pretendia dizer; logo, o intérprete fez uma interpretação extensiva;
c) O legislador disse mais do que pretendia dizer; logo, o intérprete fez uma interpretação restritiva;
d) Nenhuma das respostas anteriores está correta.

17 – Armandina, solicitadora, celebrou verbalmente um contrato de prestação de serviço com a sociedade de advogados Almeida & Associados, em abril de 2012. Suponha que no dia 7 de junho foi publicada no Diário da República a Lei X/2017 que consagra a obrigatoriedade da redução a escrito daquele tipo de contrato. Todavia, o legislador nada disse sobre a data de entrada em vigor do diploma.

17.1 – A Lei X/2017, de 7 de junho, entrou em vigor:

a) No dia 13 de junho de 2017;
b) No dia 12 de junho de 2017;
c) No dia 14 de junho de 2017;
d) Nenhuma das respostas anteriores está correta.

17.2 – A Lei X/2017, de 7 de junho, cessará a sua vigência quando:

a) For revogada;
b) Caducar;
c) Caducar ou for revogada;
d) Nenhuma das respostas anteriores está correta.

17.3 – O contrato de prestação de serviço celebrado por Armandina:

a) Continua válido;
b) É nulo;
c) É anulável;
d) Nenhuma das respostas anteriores está correta.

18 – Alda não pagou a Xavier o preço acordado pela compra de uma bicicleta.

a) Alda incorre em responsabilidade civil extracontratual por factos ilícitos;
b) Alda incorre em responsabilidade civil extracontratual pelo risco;
c) Alda incorre em responsabilidade civil contratual;
d) Nenhuma das respostas anteriores está correta.

19 – Ana tem 15 anos de idade.
a) Ana não tem personalidade jurídica;
b) Ana tem capacidade jurídica;
c) Ana tem capacidade de exercício de direitos;
d) Nenhuma das respostas anteriores está correta.

20 – Armando é solteiro e completou 16 anos de idade no início deste ano.
a) Armando pode casar, mas não pode testar;
b) Armando não pode casar, mas pode testar;
c) Armando não pode casar, nem testar;
d) Nenhuma das respostas anteriores está correta.

21 – A forma de suprir a incapacidade de exercício de direitos dos menores é:
a) Pela tutela;
b) Pela assistência;
c) Pela representação legal;
d) Nenhuma das respostas anteriores está correta.

22 – Alberto beneficia da medida de acompanhamento "administração total de bens". O maior acompanhado poderá validamente celebrar o seguinte negócio jurídico:
a) Casar;
b) Testar;
c) Perfilhar;
d) Todos os negócios referidos nas alíneas anteriores.

23 – Suponha que Alexandre, maior acompanhado, fez um testamento deixando três lingotes de ouro a Anabela. A sentença de acompanhamento determinou a sua incapacidade para testar. Assim sendo, o testamento é:
a) Nulo;
b) Anulável;
c) Válido;
d) Nenhuma das respostas anteriores está correta.

24 – O âmbito do acompanhamento segue algum ou alguns dos seguintes regimes:
a) Da tutela;
b) Da administração de bens;
c) Da representação legal;
d) Todas as respostas anteriores estão corretas.

25 – Um automóvel é:
a) Uma coisa móvel, infungível e divisível;
b) Uma coisa móvel, fungível e acessória;
c) Uma coisa móvel, principal e não consumível;
d) Nenhuma das respostas anteriores está correta.

26 – Um baralho de cartas é:
a) Uma coisa composta e divisível;
b) Uma coisa acessória e infungível;
c) Uma coisa móvel e indivisível;
d) Nenhuma das respostas anteriores está correta.

27 – Amália vendeu as nuvens do céu a Zulmira.
a) O negócio jurídico é nulo;
b) O negócio jurídico é inválido;
c) O negócio jurídico é anulável;
d) O negócio jurídico é válido.

28 – O testamento é:
a) Um negócio jurídico bilateral e um contrato bilateral imperfeito;
b) Um negócio jurídico unilateral receptício;
c) Um negócio jurídico unilateral não receptício;
d) Nenhuma das respostas anteriores está correta.

29 – O contrato de prestação de serviço é:
a) Um negócio jurídico bilateral e um contrato unilateral;
b) Um negócio jurídico unilateral receptício;
c) Um negócio jurídico bilateral e um contrato bilateral;
d) Nenhuma das respostas anteriores está correta.

30 – Clarisse doou a Dalila, sua afilhada, uma pulseira de ouro por espírito de liberalidade e sem qualquer encargo ou obrigação, o que Dalila aceitou. As partes celebraram um:
a) Negócio jurídico unilateral;
b) Negócio jurídico bilateral;
c) Contrato unilateral;
d) Contrato bilateral.

31 – Américo, pintor conimbricense, celebrou um contrato de mútuo com Bernardete, no valor de € 1.000,00, a restituir no prazo de dois meses, dando como penhor o seu relógio *Hamilton*. O penhor:

a) É a garantia geral das obrigações;
b) É uma garantia especial das obrigações e uma garantia pessoal;
c) É uma garantia especial das obrigações e uma garantia real;
d) Nenhuma das respostas anteriores está correta.

32 – Eugénio celebrou com Firmeza, sua vizinha, um contrato de prestação de serviço, com a obrigação de passear o seu cão enquanto esta estiver de férias, pelo período de 10 dias. O contrato foi celebrado:
a) A termo extintivo;
b) Sob condição resolutiva;
c) Sob condição suspensiva;
d) A termo suspensivo.

Grelha de Resolução das Hipóteses

1	c)
2	b)
3	d)
4	c)
5	b)
6	a)
7	d)
8.1	d)
8.2	c)
9	d)
10	a)
11	a)
12.1	b)
12.2	a)
13	b)
14	d)
15	b)
16	c)
17.1	b)
17.2	a)
17.3	a)
18	c)
19	b)
20	a)

21	c)
22	d)
23	a)
24	d)
25	c)
26	c)
27	a)
28	c)
29	c)
30	c)
31	c)
32	a)

BIBLIOGRAFIA

ASCENSÃO, José Oliveira (2016), *O Direito – Introdução e Teoria Geral*, reimpressão da 13ª edição. Coimbra: Almedina.

BARBOSA, Mafalda Miranda (2018), *Maiores acompanhados, Primeiras Notas depois da aprovação da Lei nº 49/2018, de 14 de agosto.* Coimbra: Gestlegal.

BRONZE, Fernando José (2010), *Lições de Introdução do Direito*, reimpressão da 2ª edição. Coimbra: Coimbra Editora.

CONSCIÊNCIA, Eurico Heitor (2012), *Breve Introdução ao Estudo do Direito*, 5ª edição. Coimbra: Almedina.

CORDEIRO, António Menezes (2015), *Tratado de Direito Civil V*, 2ª edição. Coimbra: Almedina.

– (2018), *Da situação jurídica do maior acompanhado. Estudo de política legislativa relativo a um novo regime das denominadas incapacidades dos maiores*, Revista de Direito Civil, Ano III, nº 3. Coimbra: Almedina.

COSTA, Salvador da; LAMEIRAS, Luís Filipe Brites (2017), *Lei da Organização do Sistema Judiciário Anotada*, 3ª edição. Coimbra: Almedina.

EIRÓ, Pedro (2002), *Noções Elementares de Direito*. Lisboa: Verbo.

HÖRSTER, Heinrich Ewald (2016), *A Parte Geral do Código Civil Português – Teoria Geral do Direito Civil*, reimpressão da edição de 1992. Coimbra: Almedina.

JUSTO, António Santos (2018), *Introdução ao Estudo do Direito*, 9ª edição. Coimbra: Coimbra Editora.

LIMA, Pires; VARELA, Antunes (2010), *Código Civil – Anotado – Volume I*, reimpressão da 4ª edição. Coimbra: Coimbra Editora.

MACHADO, João Baptista (2017), *Introdução ao Direito e ao Discurso Legitimador*, reimpressão da edição de 2014. Coimbra: Almedina.

MARQUES, Maria Manuel Leitão [*et al*] (2012), *Manual de Introdução Direito – Saber Direito Para Entender o Mercado*. Coimbra: Almedina.

MÚRIAS, Pedro Ferreira (2001), *Exercícios de Introdução do Estudo do Direito*. Lisboa: A.A.F.D.Lisboa.

PINTO, Carlos Alberto da Mota (2012), *Teoria Geral do Direito Civil*, reimpressão da 4ª edição. Coimbra: Coimbra Editora.

PRATA, Ana (2018), *Dicionário Jurídico – Volume I*, reimpressão da 5ª Edição. Coimbra: Almedina.

SARAIVA, José Hermano (2009), *O que é o Direito? seguido de A Crise do Direito e Outros Estudos Jurídicos*. Lisboa: Gradiva.

SILVA, Germano Marques (2015), *Introdução ao Estudo do Direito*. Lisboa: Universidade Católica.

SOUSA, Miguel Teixeira de (2015), *Introdução ao Direito*, reimpressão da edição de 2012. Coimbra: Almedina.

TELLES, Inocêncio Galvão (2010), *Introdução ao Estudo do Direito Vol. I*. Coimbra: Coimbra Editora.

TELLES, Inocêncio Galvão (2010), *Introdução ao Estudo do Direito Vol. II*, reimpressão da 10ª edição. Coimbra: Coimbra Editora.

VASCONCELOS, Pedro Pais de (2014), *Direito de Personalidade*, reimpressão da edição de 2006. Coimbra: Almedina.

VASCONCELOS, Pedro Pais de (2015), *Teoria Geral do Direito Civil*, 8ª edição. Coimbra: Almedina.

VIEIRA, Iva Carla [*et al*] (2016), *Manual de Direito e Cidadania*, 3ª edição. Coimbra: Almedina.